Carola Kuhlmann

Geschichte Sozialer Arbeit I

Eine Einführung für soziale Berufe

Studienbuch

Carola Kuhlmann

Geschichte Sozialer Arbeit I

Eine Einführung für soziale Berufe

Studienbuch

WOCHEN
SCHAU
STUDIUM

Bibliografische Information der Deutschen Nationalbibliothek

Die Deutsche Nationalbibliothek verzeichnet diese Publikation in der Deutschen Nationalbibliografie; detaillierte bibliografische Dalen sind im Internet über http://dnb.d-nb.de abrufbar.

www.wochenschau-verlag.de

Titelgestaltung: Ohl Design
Gedruckt auf chlorfreiem Papier
Gesamtherstellung: Wochenschau Verlag
ISBN 978-3-89974860-4

Inhalt

Inhaltsverzeichnis des Textbuches (Geschichte Sozialer Arbeit II)

Einleitung

Warum brauchen Menschen, die anderen helfen wollen, ein Wissen darum, wie Hilfeformen, -praxen und -motive entstanden sind und wie sie sich im Laufe der Geschichte veränderten? Das vorliegende Buch möchte mehrere Antworten auf diese Frage geben, die je nach Praxisfeld und dargestellter Epoche verschieden lauten werden, die sich aber in drei wesentlichen Antwortbereichen zusammenfassen lassen.

1. Soziale Arbeit braucht Geschichte, um eine berufliche Identität zu entwickeln. Wenn sich der soziale Beruf seiner Ursprünge, Irrwege, bedeutenden Innovationen und Entwicklungsstadien nicht bewusst ist, steht er in der Gefahr, keine eigene Professionalität zu entfalten, sondern als Hilfsarbeit für Psychologinnen, Ärzte, Lehrerinnen, oder Verwaltungsbeamte genutzt zu werden. Es geht also in der historischen Vergewisserung auch um die Frage der beruflichen Identität in Abgrenzung zu anderen Professionen.
2. Soziale Arbeit braucht Geschichte, um kritikfähig zu sein. Denn es wird im Laufe der Darstellung deutlich werden, wie stark der soziale Beruf – wie alle Berufe, die mit Menschen zu tun haben – abhängig ist von den Deutungsmustern, die in einer Epoche jeweils vorherrschten und die auch die Deutung sozialer Probleme beeinflussten. Eine der Grundfragen hierbei war und ist die Frage, wie weit die Verantwortung für Notlagen auf Seiten des Individuums

liegt und möglicherweise genetisch bedingt ist oder auf Seiten der Gesellschaft und damit durch ungerechte ökonomische Verhältnisse bedingt ist. Eine Kenntnis der verschiedenen Deutungsmuster, die jeweils in bestimmten Zeiträumen unhinterfragt geteilt wurden, kann eine kritische Distanz zu heutigen Deutungsmustern (z.B. den ökonomischen) ermöglichen. So war z.B. im Nationalsozialismus die Deutung der erblichen Bedingtheit z.B. von Kriminalität und Prostitution dominant. Die hinter den jeweiligen Deutungen in den verschiedenen Zeitabschnitten erstaunlich gleich bleibenden Notlagen der Hilfsbedürftigen (z.B. Armut alleinerziehender Mütter) können in der historischen Rückschau besser verstanden werden. Dieses Verständnis kann für die Zukunft dazu ermutigen, sich auch gegen den Zeitgeist für Projekte und Reformen zu engagieren, die auf der Grundlage einer spezifischen professionellen Ethik entstehen.

3. Soziale Arbeit braucht Geschichte, um berufsethische Fragen beurteilen zu können. Denn die oben genannte spezifische Ethik ist drittens die Richtschnur dafür, das Wesentliche einer „richtigen“ Sozialen Arbeit zu erkennen und zu tun. Um sie zu reflektieren, ist es notwendig, die theoretischen Diskurse zu kennen, die den Beruf begründeten und die ihn weiterentwickelten. Daher wird die vorliegende Veröffentlichung nicht nur die Entwicklung der Praxis von Institutionen und Hilfesystemen nachzeichnen, sondern auch die theoretischen Konzepte und Deutungsmuster der Helfenden darstellen. Dabei wird ein Verständnis von Sozialer Arbeit zugrunde gelegt, das sich darüber definiert, dass sie soziale Ungerechtigkeiten ausgleichen und die Menschenwürde und die Menschenrechte der Klienten und Adressaten sichern möchte.

Der soziale Beruf ist eine junge Profession, daher beginnt die eigentliche Darstellung im 19. Jahrhundert, als aus spontaner bzw. nachbarschaftlicher oder gemeindlicher Hilfstätigkeit eine professionelle Arbeit wurde. Die Zeit davor ist eine „Vorgeschichte“, sie ist jedoch auch wichtig, um das neuartige des sozialen Berufes zu verstehen und das Interessengeflecht öffentlicher und privater Hilfe- und Kontrollabsichten, die seit der Neuzeit auf das Feld der Armen- und Kinderfürsorge einwirken, transparent zu machen.

Hinweis zum Gebrauch des Buches

Das vorliegende Buch ist als Lehrbuch konzipiert, daher finden sich am Ende eines jeden Kapitels ein Fazit sowie Quellentipps und Hinweise zur Diskussion in Studienkreisen oder in Lehrveranstaltungen. Einige Überschriften sind darüber hinaus kursiv gedruckt. Die in diesen Abschnitten referierten theoretischen Positionen stehen exemplarisch für eine bestimmte Epoche oder eine politische bzw. fachliche Einstellung; sie eignen sich besonders zur vergleichenden Bearbeitung, zu einem intensiveren gemeinsamen Quellenstudium oder für ein kurzes Referat. Für letzteres sind die längeren Textangaben gut geeignet. Ein wesentlicher Teil der historischen Texte ist auch in einem ergänzenden Textbuch zusammengefasst, das parallel hierzu erhältlich ist. Auf vertiefende Literatur wird in den einzelnen Abschnitten innerhalb des Textes verwiesen.

Es sei noch darauf hingewiesen, dass an einigen Stellen nur die weibliche Form benutzt wird, also nur von Fürsorgerinnen oder Sozialarbeiterinnen die Rede ist. Die männlichen Sozialarbeiter und Sozialpädagogen sind selbstverständlich immer mitgemeint.

1

1. Vorgeschichte Sozialer Arbeit: Mittelalter und Neuzeit

Wenn wir die Geschichte der Sozialen Arbeit darstellen wollen, so muss zunächst Einigkeit in der Frage erzielt werden, was Soziale Arbeit ist, welche menschlichen Handlungen dazugehören und welche nicht. Wir müssen den Gegenstand bestimmen, den wir in die Geschichte zurückverfolgen. In der folgenden Darstellung soll unter Sozialer Arbeit der Bereich der Hilfe von Menschen an anderen Menschen, die sich in besonderen Notlagen befinden, verstanden werden. Manche Ursachen und Arten der Notlagen haben sich im Verlauf der Geschichte gewandelt, die Notwendigkeit zur Hilfe besteht jedoch bis heute.

Menschen halfen und helfen einander aus sehr verschiedenen Gründen, weil sie Freunde sind oder sich verpflichtet fühlen, manchmal auch in durchaus egoistischer Absicht, um andere abhängig zu machen und das eigene Selbstwertgefühl durch den Kontakt mit Hilfsbedürftigen zu stärken.

Soziale Arbeit beginnt in dem Moment, in dem Menschen diese Hilfsleistung als ihre Arbeit begreifen und ausgestalten, also nicht aus freundschaftlichen, verwandtschaftlichen oder nachbarschaftlichen Gründen helfen. Soziale Arbeit ist eine organisierte Form der

Hilfeleistung, in der sozial Arbeitende für die schwächeren Mitglieder einer Gemeinschaft sorgen.

Diese Form der Hilfsbereitschaft war zunächst in fast allen Weltreligionen ein zentraler Bestandteil religiöser Praxis. Besonders den Witwen und Waisen, aber auch den Alten und Kranken wurde durch die Gemeinden Unterstützung gegeben. In aufgeklärten, säkularisierten Gesellschaften wurden diese Praktiken der Hilfe in andere Formen überführt: in soziale Berufe und Institutionen.

Im Lauf der Geschichte haben gesellschaftliche Veränderungen in wirtschaftlicher, technischer und politischer Hinsicht einerseits stets neue soziale Ungerechtigkeiten hervorgerufen, andererseits hat es aber immer als Reaktion darauf auch neue soziale Bewegungen gegeben, die hier im Folgenden auch als ein integraler Bestandteil der Sozialen Arbeit verstanden werden sollen.

Bei sozialen Ungerechtigkeiten standen – und stehen bis heute – zwei Formen von Notlagen im Vordergrund: 1. *Armut* als Mangel an materiellen Ressourcen und 2. *Beziehungsbedürftigkeit* von denen, die sich noch nicht oder nicht mehr oder nie versorgen, verpflegen oder erziehen und bilden konnten, die also an einem Mangel an sozialen, an *fürsorglichen* Ressourcen leiden. Beide Notlagen bedingen sich oft gegenseitig, aber nicht immer. In der Antwort auf diese Notlagen geht es daher immer um:

- *Helfen* und *Erziehen,*
- um Ressourcenvermittlung in materieller und sozialer Hinsicht,
- um sachliche und persönliche Aufgaben (Salomon 1926).

Es ging und geht also nicht nur um

- Geld, Wohnung oder Arbeit, sondern immer auch
- um Anteilnahme, Beratung, Erziehung und Befriedigung leiblicher Grundbedürfnisse.

Da nicht nur Armut, sondern auch Erziehungs- und Pflegebedürftigkeit hier als eine Not definiert wird, auf die Soziale Arbeit eine Antwort ist, wird im Folgenden auch die Geschichte von Sozialarbeit ***und*** Sozialpädagogik vorgestellt.

Vieles von dem, was im Folgenden dargestellt wird, erscheint von heute aus veraltet oder einseitig, anderes aktuell und vorbildlich. Es sollte bei der Bewertung sozialer Praxis und Theorie aber nicht vergessen werden, dass möglicherweise in fünfzig Jahren andere über die heutige, uns modern erscheinende Soziale Arbeit ebenfalls distanzierte Urteile fällen werden, weil in der Zwischenzeit neue Erkenntnisse gewonnen und unwirksame Hilfsmethoden reformiert wurden. Daher ist es besonders wichtig, die Soziale Arbeit jeweils aus ihrem zeitlichen Kontext heraus zu erschließen.

1.1 Mittelalter: Almosenlehre und Hilfe in Klöstern, Spitälern und Findelhäusern (800-1500)

1.1.1 Gottgewollte Armut und die christliche Pflicht zur Almosengabe

Im Weltbild des Mittelalters hatte die gesellschaftliche Schicht der „Armen“ ihren festen Platz. Arme dienten den anderen Schichten vom Bauern bis zum Stadtbürger dazu, die christliche Pflicht des Almosengebens erfüllen zu können. Niemand kam zu dieser Zeit auf die Idee, von den Armen zu verlangen, ihr Schicksal selbst in die Hand zu nehmen und ihren von Gott vorbestimmten Armutsstand zu verlassen. Auch trug die Tatsache, dass Armut z.T. aus religiösen Gründen frei gewählt wurde (Mönche, Pilger) dazu bei, dass Armut und vor allem die Bettelei nicht von vornherein negativ beurteilt wurde.

Die meisten Bettler waren durch Kriege oder Krankheiten körperlich Behinderte. Sie waren auf die Barmherzigkeit der Mitmenschen angewiesen und bettelten meist vor den Kirchen um ihren notwendigen Lebensunterhalt.

1.1.2 Die Almosenlehre des Thomas von Aquin

Einer der ersten, der im Mittelalter über den richtigen Umgang mit Armut und Almosen schrieb, war der Theologe und Hauptvertreter der Scholastik Thomas von Aquin (1225-1274). In seinem Werk vereinte er die Philosophie des Aristoteles mit dem christlichen Weltbild. Thomas von Aquin definierte Armut damals schon sehr umfassend nicht nur als einen Mangel an Geld, sondern als eine vielschichtige Lebenslage, die auch durch einen Mangel an Bildung, sozialen Bezügen und Einflussmöglichkeiten gekennzeichnet ist:

> „Arm sind Menschen, die immer oder zeitweise in einem Zustand der Schwäche, der Bedürftigkeit, des Mangels leben, wobei es nicht nur um das Fehlen physischer Kraft und materieller Güter (Geld, Nahrung, Kleidung) geht, sondern insgesamt um einen Mangel an sozialer Stärke, die

> ein Ergebnis ist von sozialem Ansehen und Einfluss, Waffengewandtheit und Rechtspositionen, von Gesichertsein durch soziale Bindungen, aber auch von Wissen und politischer Macht." (Aquin zit. n. Sachße/Tennstedt 1983, S. 39)

Armut stellte – auch nach Thomas von Aquin – einen Zustand dar, der von Gott mehr geachtet wurde als der Reichtum und daher für das Jenseits eine gute Startbedingung war. Allerdings waren die Armen im Diesseits auch besonders gefährdet, da aus der Armut heraus eine existenzbedrohende Not entstehen konnte.

Die von Thomas von Aquin in dem Buch „Summe der Theologie" dargestellte Almosenlehre beeinflusste die mittelalterliche Armenfürsorge maßgeblich (vgl. dazu ausführlicher Scherpner 1962, S. 23-42). In dieser Almosenlehre steht weniger die Tatsache des Mangels des Notleidenden im Vordergrund, sondern die Pflicht des Christen, von seinem Überfluss zu geben. Als ein aus Gottes- und Nächstenliebe hervorgehendes Gebot soll derjenige, der mehr hat, als er zum standesgemäßen Leben braucht, dem, der Mangel leidet, aus Barmherzigkeit abgeben. Reichtum für spätere Notzeiten zu „sparen" ist unchristlich und zwar, weil Jesus selbst verboten habe (nach Matthäus 6, 34), über das Morgen nachzudenken. Thomas von Aquin unterschied beim Almosengeben „sieben Werke der Barmherzigkeit", nämlich:

> „ .... leibliche Almosen, (corporales eleemosynae), die den Nächsten bei leiblichen Mängeln zu erweisen sind, und ebenso viele Gattungen des geistlichen Almosens, die in geistigen Nöten aufgebracht werden müssen. (Die sieben leiblichen Almosen: den Hungrigen speisen, den Durstigen tränken, den Nackten bekleiden, den Fremden aufnehmen, den Kranken besuchen, den Gefangenen loskaufen, den Toten begraben. Die sieben geistigen: den Unwissenden lehren, den Zweifelnden beraten, den Traurigen trösten, den Sünder bessern, dem Beleidiger nachlassen, die Lästigen und Schwierigen ertragen und für alle beten)." (Aquin 1985, S. 161)

Aquin setzte sich auch mit der Frage auseinander, ob die geistigen oder die leiblichen Almosen wichtiger seien, und ob die leiblichen eine geistige Wirkung haben. Letzteres beantwortet er dahingehend, dass zwar die geistigen vorzuziehen, die leiblichen Almosen aber, wenn es darauf ankomme, von „vorzüglicherem Wert" seien und durchaus

– sofern die Almosengabe durch die Liebe Gottes motiviert sei – auch geistige Wirkung haben.

Auch fragte er, ob die Almosengabe tatsächlich ein „Gebot" sei, d.h. ob derjenige sündigt, der keine Almosen gibt. Dieses beantwortet er unter Bezug auf Bibelstellen dahingehend, dass eben derjenige sündigt, der nicht gibt, obwohl er Überfluss hat und in dieser Situation jemandem begegnet, der sich in einer existenzbedrohenden Notlage befindet – egal ob mit oder ohne eigene Schuld. Er führte weiter aus:

> „Die zeitlichen Güter, die dem Menschen göttlicherseits übertragen werden, gehören ihm, soweit das Eigentum in Betracht kommt, aber was den Gebrauch betrifft, sollen sie nicht bloß für sich, sondern auch für die anderen da sein, die aus dem, was davon Überfluss für ihn ist, unterhalten werden können. Deswegen sagt Basilius (Homil. Luk. 12, 18 ff.): ‚Wenn du zugestehst, dass sie (die zeitlichen Güter) dir von Gott überkommen sind, ist dann wohl Gott ungerecht, der die Vermögen ungleichmäßig unter uns verteilt hat? Warum hast du Überfluss und bettelt dagegen ein anderer, wenn es nicht deswegen ist, damit du die Verdienste einer guten Verwaltung erlangst, jener aber mit dem Ruhmeskranz der Geduld sich schmückt? Es ist das Brot eines Hungerleiders, das du zurückhältst, das Hemd eines Nackten, das du in deiner Schlafkammer verwahrst, der Schuh eines Barfüßigen, der bei dir verschimmelt, das Silber des Notleidenden, das bei dir vergrabener Besitz bleibt. In all dem begehst du gerade so viel Unrecht als du zu geben vermöchtest." (Aquin 1985, S. 164)

Um das Almosen geben zu können, müssen diejenigen, die Not leiden, öffentlich sichtbar betteln, und so ist das Betteln im Mittelalter weder eine Schande noch eine Straftat, sondern eine religiös geachtete, wenn auch gesellschaftlich niedrig stehende Tätigkeit. Selbstverständlich sollte der Arme auch arbeiten, um für seinen Unterhalt zu sorgen, das wurde vorausgesetzt. Aber Arbeit stellte nicht einen Wert an sich und vor allem nicht den Wert dar, den die Neuzeit, und vor allem die moderne Gesellschaft ihr beimessen. Da ein Almosen auch als Buße verordnet werden konnte, sprachen viele historische Forscher im Nachhinein von einer „unerhörten Ausdehnung der Liebestätigkeit jener Zeit" (Scherpner 1962, S. 26), eine Einschätzung, die jedoch angesichts der zahlreichen Nöte, die durch Pestepidemien, Kriege, Missernten und mangelnde medizinische Versorgung entstanden, relativiert werden muss. Immerhin musste sich der bettelnde Mensch weder schämen und rechtfertigen noch wurde kontrolliert, wie viel er erbettelte.

1.1.3 Institutionen der Hilfe im Mittelalter: Klöster, Spitäler und Findelhäuser als Versorgungseinrichtung

Neben der Gruppe der wohnsitzlosen Bettelnden und der sog. Hausarmen gab es auch im Mittelalter die Gruppe der Hilfsbedürftigen, die an einem Mangel an Pflege und Versorgung litten. Ihnen wurde damals noch vorrangig im Rahmen der (Groß-)Familie oder durch die kirchliche Gemeinde geholfen. Daneben entwickelten sich im europäischen Raum zu dieser Zeit auch erste institutionelle Hilfseinrichtungen, die als Vorläufer der sozialen Institutionen der Moderne gelten können: die Klöster, Spitäler und die Findelhäuser.

Besonders in den *Heilig-Geist-Klöstern* wurden Alte, Kranke, aber auch Waisenkinder versorgt. Hier fanden alle Gruppen von Menschen Zuflucht, die allein standen und nicht selbst für ihre Ernährung und Pflege sorgen konnten. Die Klöster dienten jedoch nicht vorrangig diesem Zweck der Hilfe, sondern vor allem den religiösen Pflichten der Nonnen und Mönche. Der Alltag war daher auch für die Waisen, Kranken und Alten, die dort lebten, geprägt von Gebet und Arbeit. Die Waisen verließen das Kloster, wenn sie arbeitsfähig waren, die Kranken, wenn sie gesund waren, und die pflegebedürftigen Alten lebten dort bis zum Tod. Die Nonnen und Mönchen pflegten und versorgten die Menschen und leisteten Seelsorge, allerdings war dies für sie nur ein Bestandteil ihrer weiterreichenden religiösen Berufung und noch kein hauptberufliches Helfen in unserem heutigen Verständnis. Nichtsdestotrotz können sie als Vorläufer des sozialen Berufs verstanden werden, aus denen sich die Berufe des Diakons, der Diakonisse oder auch die spezifischen Hilfsorden der katholischen Kirche entwickelten.

In den Städten leistete diese Arbeit oft das *Spital*. Auch hier wurden verschiedene Gruppen von Hilfsbedürftigen aufgenommen – vom Waisenkind bis zum pflegebedürftigen Alten. Diese Einrichtungen waren oft Stiftungen und Schenkungen reicher Bürger, die Aufgabe der dort Aufgenommenen bestand auch darin, für die Stifter zu beten.

Neben den Klöstern und Spitälern gab es auch spezielle Einrichtungen im Bereich der Jugendfürsorge. Um die vielen Kindstötungen und Abtreibungen dieser Zeit zu verhindern, wurden zwischen dem 12. und 14. Jahrhundert *„Findelhäuser"* zuerst von der Kirche (z.B. in Rom 1198) und später von Städten (z.B. Köln 1341) errichtet. Ungewollte Kinder konnten dort anonym in eine Drehlade gelegt werden (wie in der heutigen „Babyklappe"). Diese speziellen Einrichtungen waren notwendig, da Findelkinder wegen ihrer unklaren Herkunft in manchen Klöstern oder den späteren Waisenhäusern keine Aufnahme fanden.

1.2 Neuzeit: Erziehung der Armen zur Arbeit (1500-1789)

Zu Beginn der Neuzeit (um 1500) änderte sich der oben beschriebene tradierte Umgang mit Armut dramatisch. Armut wurde nun zunehmend nicht mehr als gottgewollt, sondern als menschliches Versagen definiert. Dies hatte massive Auswirkungen auf den Umgang mit dem Almosengeben und den Bettelnden.

1.2.1 Die Idee einer organisierten städtischen Armenfürsorge bei Juan Luis Vives

An den Schriften des spanischen Humanisten und Hoflehrers Juan Luis Vives (1492 Valencia–1540 Brügge) lässt sich der Übergang zu einer organisierteren und kontrollierteren Form der Armenfürsorge besonders gut nachzeichnen. Vives entwarf in seinem Buch „Über die Unterstützung der Armen" (De subventione pauperum 1526) einen Plan, wie die Armenpflege künftig zu gestalten und zu finanzieren sei. Gleichzeitig ist die Schrift ein Appell an die Ratsherren, Verantwortung zu übernehmen, um Schwächere zu beschützen sowie Unterdrückung und Unrecht zu vermeiden. Denn – so Vives – es gehe nicht an, dass „in einer durchaus nicht armen Stadt die Behörden zusehen, wie irgendwelche Bürger Hunger und Not leiden" (Vives 2004, S. 282 f.). Vives begründet die Pflicht zur Armenfürsorge auch durchaus mit den Eigeninteressen der Bürger. Denn unterlassene Hilfen führten u.a. dazu, dass Diebstähle und Raubüberfälle häufiger, Bürgerkriege möglicher und die Gefahr einer Ansteckung mit Krankheiten höher sei. Auch die Unkeuschheit von Frauen sowie die innere Entfernung vom Christentum sei wahrscheinlicher.

Die tieferliegende Ursache für unbeantwortete Not sieht der Christ Vives in der Abkehr von Gott, d.h. im Sündenfall, was für ihn bedeutet, dass der Mensch ehrgeizig und anmaßend Gott zu übertreffen versucht.

Die Anlässe für Not sind nach Vives vielfältig. Not kann durch Feuer, Einsturz oder Schiffbruch hervorgerufen werden, aber auch durch die Tatsache, dass ein erlernter Beruf plötzlich nichts mehr einbringt. Der in Not Geratene brauche nicht nur „Mitleid, was auf griechisch Almosen heißt, ... sondern jede Leistung, die menschliche Not lindert“ (Vives 2004, S. 286). Besonders wichtig sei die Bildung, da diese erst das Wissen um ein tugendhaftes Leben vermittele. Auch werde der Mensch durch Bildung eher erreicht als durch Spenden, da einer dem anderen dadurch „gewissermaßen ein Licht an seinem Licht“ anzünde (Vives 2004, S. 287).

Vives beklagt, dass „Vergnügungen und Luxus dermaßen zugenommen“ hätten (Vives 2004, S. 300), dass die reichen Stadtbürger, die sich in „Seide und Zobel“ hüllten, teure Gastmähler oder Narren bezahlten, nicht aber ihre Verantwortung gegenüber den Armen erkennen wollten.

So deutlich, wie Vives die Verantwortung der Regierenden einklagt, so bestimmt verlangte er aber auch ein rücksichtsvolles und bescheidenes Verhalten von den Armen. Scharf kritisierte er eine bestimmte Gruppe von Bettlern (an einer Stelle nennt er sie „Geschmeiß“, Vives 2004, S. 320), die sich in Kirchen – trotz offensichtlich ansteckender Krankheiten – nach vorne drängten oder die ihre Krankheiten nur vortäuschten:

> „Ich weiß von einer Gruppe, bei der sogar gestohlene, verkrüppelte Kinder verwendet wurden, um die mehr zu rühren, die sie um eine Gabe bitten. So heucheln die einen verschiedene Krankheiten, obwohl sie gesund und in Ordnung sind; wenn sie allein sind oder es plötzlich nötig wird, zeigen sie, wie wenig krank sie sind: manche verschwinden fluchtartig, wenn jemand ihre Wunden und Krankheiten heilen will.
> Andere finden Geschmack am einträglichen Nichtstun und machen aus ihrer Bedürftigkeit ein Gewerbe. Sie möchten diese Methode zu Geld zu kommen nicht eintauschen und würden für ihren Bettlerstatus, wollte jemand daran rühren, nicht weniger kämpfen als andere für ihren Besitz. (...) Wenn man das an einigen beobachtet, werden alle verdächtig.“ (Vives 2004, S. 292)

Vives verlangte von den Armen, dass sie ihr Schicksal geduldig tragen und erkennen, dass sie zwar verstoßen von den Menschen, aber durch ihre Besitzlosigkeit Jesus gleichen und damit von Gott erwählt sind. Daher sollten sie sich auch wie Christus verhalten: einfach, rein, bescheiden, liebenswert, mäßig und fromm.

Um einerseits die Spendenfreudigkeit seiner Mitbürger anzuregen, andererseits das Problem der Erziehung der Armen zu lösen, machte Vives mehrere Vorschläge:

1. Die Armen sollten nur Unterstützung erhalten, wenn sie sich entsprechend verhalten und Besserung zu erwarten sei. Spielern und Huren Geld zu geben, sei dagegen wie „Stroh ins Feuer zu werfen" (Vives 2004, S. 314).
2. Die unterstützungswürdigen Armen sollten gesammelt und registriert werden. Beginnen sollte man in den Spitälern, wo v.a. Kranke und Alte gepflegt, ausgesetzte Kinder aufgezogen und geistig Behinderte und Blinde verwahrt werden, wo aber auch Arme gespeist und arme Kinder unterrichtet werden sollten. Die Verwaltung und Kontrolle sollten Ratsherren übernehmen.
3. Die sog. Hausarmen sollten künftig regelmäßig durch zwei Ratsherren besucht werden, die deren familiäre Verhältnisse auch durch Nachfragen bei Nachbarn erkunden sollten (Vives 2004, S. 320).
4. Den gesunden wohnsitzlosen Bettlern sollte Arbeit verschafft werden bei Schafzüchtern, Seidenwebern oder anderen Handwerkern, die oft genug darüber klagten, dass sie selbst Kinder einstellen würden, leider aber keine fänden, „denn ihre Eltern sagen, sie brächten vom Betteln mehr nach Hause" (Vives 2004, S. 322).
5. Fremde Bettler sollten in ihre Heimatgemeinde geschickt werden, es sei denn, dass dort Krieg herrscht (Vives 2004, S. 321). Kranke Bettler sollten in die Spitäler eingewiesen werden.
6. Bürger, die nachweisen, dass ihre Bedürfnisse höher sind, als das, was sie erarbeiten, sollte dazu gegeben werden, was als ausreichend gilt.

Das für diesen Plan notwendige Geld sollte die Stadt durch Stiftungen am Sterbebett, Verzicht auf Festessen oder Umzüge sowie durch Opferstöcke an den Hauptkirchen einnehmen. Letzteres sei im Sinne eines jeden Bürgers, der „lieber dort zehn Groschen hineinlegen" werde, als „herumstreifenden Bettlern zwei Groschen zu geben ..." (Vives 2004, S. 328). Wenn dieser Plan umgesetzt werde – so Vives –, nähmen die Bewohner der Stadt oder des Staates auch von Aufständen oder anderen „Neuerungen" Abstand, denn sie würden dann ihr Vaterland lieben, da sie von ihm unterhalten werden (Vives 2004, S. 337 f.).

1.2.2 Deutungswandel im Bereich von Armut und Not

Wie kam es zu diesem entscheidenden Wandel im Umgang mit Armut und im Deutungsmuster von sozialen Notlagen, die hier bei Vives deutlich auch als Folge eines zunehmenden sittlichen Verfalls gesehen werden?

Im Hintergrund standen dabei tiefgreifende Veränderungen der ökonomischen und damit auch der sozialen und politischen Verhältnisse. Neben die bisherigen Versorgungskrisen durch Seuchen, Hungersnöte und Kriege war das Problem des zunehmenden Auseinanderbrechens traditioneller ländlicher Produktionsverbände getreten, in denen die große Mehrheit der Bevölkerung damals noch lebte. In dieser von Karl Marx als Phase der „ursprünglichen Akkumulation des Kapitals“ (Marx 1973, S. 744 ff.) gekennzeichneten Zeit ökonomischer Umbrüche wurden wachsende Bevölkerungsschichten ihrer herkömmlichen Existenzgrundlagen beraubt und zogen in die Städte. Diese waren mit ihrer an mittelalterlichen Verhältnissen ausgerichteten Armenpflege aber diesem Ansturm nicht gewachsen. Vielerorts wurde daher versucht, durch strenge Reglementierung der Einbürgerung und durch harte Strafen gegen unerlaubt bettelnde Erwachsene und Kinder, die sog. Bettlerplage zu bekämpfen. Spezielle Bettel- und Almosenordnungen wurden erlassen und sahen strenge Begrenzungen von Aufenthalt und Almosengabe vor (Sachße/Tennstedt 1983, S. 66). Im Vergleich mit den rigiden Armenordnungen mancher Städte, vertrat Vives Vorschlag einen geradezu humanen Umgang mit Bettelnden. Dennoch sind seine Darstellungen mancher Bettler – vom heutigen Standpunkt aus gesehen – diskriminierend.

Der Prozess, der sich in der Neuzeit abspielte, ist durchaus bis heute nicht abgeschlossen. Hier geschah auf der Ebene der Städte im Verhältnis zur umliegenden Landbevölkerung etwas, das sich in späteren Epochen und bis heute zur Globalisierung hin in größeren Zusammenhängen wiederholte und wiederholen wird. Die Städte, die Nationen bzw. heute die Staatenverbünde wie die Europäische

Union definieren, wer zu den anspruchsberechtigten Empfängern von solidarischen Hilfen gehören durfte bzw. darf und wer nicht (vgl. Vives Vorschlag, nur die Bettler wegzuschicken, in deren Heimat kein Krieg herrscht!).

Zur Zeit der ökonomischen Umbrüche zu Beginn der Neuzeit geriet zeitgleich zunehmend das geistige Selbstverständnis ins Wanken. Das festgefügte Weltbild der christlichen Kirche wurde durch die folgenden Ereignisse in Frage gestellt:

- Kopernikus (1473-1543) führte naturwissenschaftliche Argumente dafür an, dass sich die Erde um die Sonne und nicht wie die Kirche behauptete, die Sonne um die Erde drehe. Diese „kopernikanische Wende" im Denken hatte hohe symbolische Bedeutung, da nun auch daran gezweifelt werden konnte, ob die Kirche selbst natürlicherweise der Mittelpunkt des Weltgeschehens sein müsste, zumal sie ihre Autorität mit der Aufrechterhaltung des alten Weltbildes verknüpfte.
- Luther (1483-1546) war erfolgreich mit einer anderen Lesart der Bibel, als sie die kirchlichen Autoritäten - das war am Ende der Papst - zuließen. Wenn es aber verschiedene Interpretationen christlicher Gebote gibt, so kann es auch die *eine* Autorität der Kirche nicht mehr geben.
- Dies bewegte auch die sozialreligiösen Vereinigungen wie die der Katharer und Waldenser, die vor allem von Frauen und Männern der unteren Schichten (Witwen, Prostituierte, Bettler) getragen wurden. Sie forderten und praktizierten radikale soziale Gerechtigkeit (bereits seit dem 13. Jahrhundert) und wurden von der katholischen Kirche als Häretiker verfolgt (vgl. Honegger 1978, S. 52 ff.).

Mit der Neuzeit begann also nicht nur ein Kampf gegen das „Bettelunwesen", sondern auch ein Kampf um das „richtige" Bewusstsein, - religiös ausgedrückt - um die Rettung der Seelen.

Dabei spielte die Reformation und der aus ihr hervorgehende Protestantismus eine herausragende Rolle bei der Vermittlung einer neuen Ethik der Arbeit. Schärfer noch als der Humanist Vives kritisierten Lutheraner und Calvinisten die Faulheit der Armen und hielten das Almosengeben nicht länger für gottgerechte Tätigkeiten an sich. Reichtum war nicht mehr wie im Mittelalter eine Daseinsform, die den Forderungen des Evangeliums widersprach. Im Gegenteil wurde der private finanzielle Zugewinn zunehmend als Zeichen göttlichen Wohlwollens interpretiert (vgl. zur Durchsetzung dieser spezifisch protestantischen Ethik und ihr Zusammengehen mit dem „Geist des Kapitalismus" die bedeutende Schrift von Max Weber [1904/05] 2000). Daraus ergab sich andererseits, dass Armut ein Zustand war, der Gott nicht gefiel und aus dem sich der Einzelne durch Fleiß und Sparsamkeit befreien sollte.

Zwar wurden weiterhin für die klassische Zielgruppe der armen Witwen und Waisen Almosen gegeben, aber Vives' Vorschlag der Kontrolle der Armen und der Spenden durch eine Versammlung besonders befugter Stadtbürger setzte sich zunehmend durch, während die „unwürdigen" herumziehenden Bettler nicht mehr unterstützt wurden.

Der Prozess der Diskreditierung von Armut wurde durch die Interessen der Regierenden wenn nicht hervorgerufen so doch verschärft. Die Landesherren der vielen deutschen Kleinstaaten richteten zunehmend Manufakturen ein, um die Arbeitskraft ihrer Untertanen effizient einzusetzen und ihre kostenintensive Hofhaltung nach dem Vorbild des absolutistischen französischen Königs finanzieren zu können. Diese Manufakturen waren Vorläufer von Fabriken, die allerdings noch ohne Maschinen betrieben wurden. Trotzdem trugen sie bereits zu einem Wertverlust handwerklicher Arbeit bei. Diese Entwicklung wie auch die Folgen des 30-jährigen Krieges (1618-1648) führten zu einem zunehmenden Massenelend, dem die deutschen Könige in Preußen, Bayern, Sachsen und den kleineren Staaten mit ersten rechtlichen Regelungen gegen die „Landarmenplage" begegneten. Obwohl grundsätzlich die Städte und Gemeinden für „ihre" Armen zuständig blieben, richteten die deutschen Länder und Fürstentümer zentrale Arbeits-, Zucht- und Besserungshäuser für die herumziehenden Armen ohne festen Wohnsitz ein; in den freien Hansestädten wurden diese von der Stadt getragen.

1.2.3 Institutionen der Hilfe in der Neuzeit: staatliche Arbeits- und Zuchthäuser, kirchliche Armen- und städtische Waisenhäuser

In diesen Arbeits- und Zuchthäusern (z.B. Bremen 1604, Lübeck 1605 und Hamburg 1622) wurden herumziehende, bettelnde Menschen mit ihren Familien neben Straffälligen untergebracht und sollten dort zur Arbeit erzogen werden. Sie mussten stumpfsinnige Arbeiten verrichten, z.B. in Tretmühlen Maschinen antreiben oder Holz „raspeln“. Die „Faulen“ wurden durch Essensentzug bestraft. Waren sie ungehorsam oder übertraten sie die Regeln, wurden sie körperlich bestraft (Sachße/Tennstedt 1983, S. 46 ff.). Das Aufnahmeritual bestand oft in einer „Tracht Prügel“, der Tagesablauf war streng reglementiert, Weck-, Bet- und Mahlzeiten festgelegt. Die Insassen wurden isoliert, die Geschlechter getrennt, die Haare geschoren, Fluchen und Schwören waren verboten (vgl. Sachße/ Tennstedt 1983, S. 105 f.).

Neben den staatlichen entstanden zu dieser Zeit auch kirchliche Institutionen der Armenfürsorge, initiiert durch den Pietismus, einer religiösen Gegenbewegung zum wachsenden Rationalismus im lutherischen Protestantismus. Besonders die Theologen Philipp Jacob Spener (1635-1705) und August Hermann Francke (1663-1727) waren entscheidend an einer Erneuerung der kirchlich getragenen Armen- und Kinderfürsorge beteiligt – Spener in Frankfurt (Reform des Armenwesens, Gründung des Armen- und Waisenhauses), Francke in Halle (Hallische Anstalten).

Betteln war nach pietistischer Überzeugung nicht nur von Gott nicht erwünscht, sondern geradezu eine Sünde, der nur durch verordnete Zwangsarbeit begegnet werden konnte. Bei den Kindern sollte diese mit regelmäßigem Schul- und Religionsunterricht verbunden werden. Dieses Modell übernahmen viele andere Armen- und Waisenhäuser, die nach Speners Vorbild entstanden z.B. in Berlin, Kassel und Mainz. Verbunden war die Anstaltsversorgung dabei i.d.R. mit der „Hausarmenpflege“, also einer „ambulanten“ Unterstützung und Kontrolle armer Familien und ihrer Kinder. Angeschlossen war in Frankfurt ebenfalls ein „Verbesserungshaus“, in das neben Kleinkriminellen auch verhaltensauffällige Jugendliche eingewiesen werden konnten (Scherpner 1966, S. 63 ff.).

Im Bereich der Jugendfürsorge fanden diese Arbeitshäuser ihre Entsprechung in den *Spinnhäusern und Industrieschulen* des späten 18. Jahrhunderts (Göttingen 1784, Hamburg 1788), in denen die Elementarbildung armer Kinder mit einer Erziehung zu Fleiß und Arbeitsfähigkeit verknüpft wurde.

Im Unterschied zu diesen Erziehungsanstalten für arme Kinder stellten die *„Bürgerwaisenhäuser"* eine Versorgungseinrichtung für elternlose Kinder von Stadtbürgern dar. Ab dem 16. Jahrhundert hatten viele Städte in Folge von Kriegen, Hungerkrisen und Pestepidemien diese Waisenhäuser gegründet (Köln 1522, Lübeck 1547, Hamburg 1604). Sie sollten hauptsächlich die durch Pestepidemien verwaisten Kinder versorgen und nahmen keine unehelichen Kinder auf. Finanziert wurden sie durch Stiftungen reicher Bürger. Ähnliche „wohlthätige" Stiftungen gab es ab dem 16. Jahrhundert auch für Versorgungshäuser für verarmte Männer und Frauen (z.B. in Nürnberg).

Fazit

Bereits im Mittelalter und in der Neuzeit gab es spezielle Institutionen, die soziale Hilfsleistungen mit bürgerlicher/staatlicher Kontrolltätigkeit verknüpften (Klöster, Waisenhäuser, Zucht- und Arbeitshäuser).

Die Aufgabe dieser Institutionen bestand in der *Erziehung der Armen zur Arbeit.* Damit hatte im Übergang vom Mittelalter zur Neuzeit ein Gedanke in die Armenfürsorge Einzug gehalten, der für die weitere Entwicklung und bis heute entscheidend ist und nachwirkt: es ist der Gedanke, dass nicht nur die materielle Versorgung, sondern auch die Veränderung der psychischen Verfassung der Armen von Bedeutung ist (heute wird dies im Begriffspaar „Fördern und Fordern" ausgedrückt). Allerdings stand diese Beeinflussung zur damaligen Zeit noch völlig im Zeichen von Unterwerfung und Disziplinierung. „Erziehung" bedeutete hier Gewöhnung an Arbeit und „Sittlichkeit" und damit Anpassung an die vorgegebene Ordnung.

Während sich die vormodernen Anstalten in der Regel auf Versorgung und „Zucht" (Kontrolle) beschränkten, wird im Umbruch zur Moderne gegen Ende des 18. Jahrhunderts die Frage nach sozialer Gerechtigkeit offen verhandelt. In diesem Feld wird sich schließlich die Soziale Arbeit als eine Antwort auf die entstehende „soziale Frage" entwickeln.

Quellentipp und Vorschlag zur Diskussion

Die Beschäftigung mit der Almosenlehre von Aquin (Aquin 1985, S. 161-166) und dem Plan der Armenfürsorge von Vives (Vives 2004, S. 317-331 und 337-339) kann die Augen dafür öffnen, dass im „finsteren Mittelalter" offenbar ein Umgang mit Armut möglich war, der die Verpflichtung der Reichen durch ihr Eigentum mehr hervorhob als die Verpflichtung der Armen zur Arbeit. Auch bei Vives finden wir noch keine Verurteilung des Bettelns als Sünde. Die beiden theoretischen Positionen lassen sich daher gut mit den Konzepten des 19. Jahrhunderts sowie mit unserer heutigen Arbeitsmarkt- und Sozialpolitik vergleichen. Wie wird Armut heute gedeutet, wie wird mit Arbeitslosigkeit umgegangen?

2

2. Ursprünge moderner Sozialer Arbeit im 19. Jahrhundert: Konzepte und Institutionen (1789-1890)

2.1 Industrialisierung und kapitalistische Wirtschaftsform: die „soziale Frage“ entsteht

Den nächsten entscheidenden Bruch in der neueren europäischen Geschichte stellt der Übergang vom 18. zum 19. Jahrhundert dar, der Übergang von der Neuzeit zur Moderne. Wieder kommt es dabei bzw. in der Folge zu einem Bruch im Deutungsmuster sozialer Probleme, welche je nach politischer oder religiöser Überzeugung verschieden ausfallen.

Im ökonomischen Bereich trieb nach der Erfindung der Dampfmaschine (England 1769) die industrielle Revolution die fabrikmäßige Produktionsweise und damit die Entstehung „freier“ Lohnarbeiter voran. Die Bevölkerungszahl stieg nach der Aufhebung der Leibeigenschaft in den deutschen Ländern (1807) stark an, u.a. weil dadurch auch die Heiratsbeschränkungen aufgehoben wurden. Im politischen Bereich wurden durch die französische Revolution (1789) und die nachfolgenden napoleonischen Kriege die Ideen von Freiheit, Gleichheit und Brüderlichkeit, von Menschenrechten und Demokratie verbreitet.

Diese Entwicklungen markierten die Ausgangspunkte für die Umwandlung einer feudalen Gesellschaft mit (immer noch) vorherrschend landwirtschaftlicher und handwerklicher Produktionsweise hin zu einer Klassengesellschaft mit städtischer Produktion in Fabriken.

Erneut verloren dabei große Bevölkerungskreise ihre Existenzgrundlage. Darüber hinaus zerfielen mit den Produktionsformen des „ganzen Hauses" (Produktion der Waren und deren Konsum an einem Ort, vgl. Rosenbaum 1982) auch in breiterem Rahmen traditionelle Versorgungsleistungen für Alte, Kranke oder unversorgte Kinder.

Im Unterschied zum leibeigenen Bauern wurde der „freie" Lohnarbeiter in Krankheit, Schwangerschaft oder Alter nicht ernährt; im Unterschied zum Grundherrn hatte der Unternehmer auch kein Interesse an einer derartigen Unterstützung, da er die Arbeitskraft der Arbeiter nur stundenweise einkaufte und dies nach dem Gesetz der Konkurrenz möglichst billig tun musste. Hinzu kam, dass die Arbeitskräfte nun bei mangelnder Auftragslage oder bei Konjunkturschwankungen beliebig entlassen werden konnten. Für die Städte und Gemeinden und ihre Aufgabe, die Armut zu „verwalten", war dies eine ständige Herausforderung und Belastung. In Wuppertal/Elberfeld beispielsweise wurde 1830 die Hälfte des städtischen Etats für die Armenpflege ausgegeben.

Mit diesen ökonomischen und sozialen Veränderungsprozessen war die „soziale Frage", d.h. die Frage, wie der zunehmend verelendeten „Arbeiterklasse" zu helfen sei, geboren. Mit ihr entwickelten sich im Laufe des Jahrhunderts verschiedene soziale Bewegungen, die unterschiedliche Antworten gaben und die im Folgenden dargestellt werden sollen, da sie auch maßgeblichen Einfluss auf die Entwicklungen im 20. Jahrhundert ausübten.

2.1.1 Johann Heinrich Pestalozzi und die Erziehung der Armen zur Sittlichkeit: eine Antwort des aufgeklärten Bürgertums

Der Schweizer Sozialpädagoge Johann Heinrich Pestalozzi (1746-1827) stellt mit seiner Antwort selbst noch eine Vorstufe zu den Antworten auf die soziale Frage dar, da er noch nicht über die Folgen der Industrialisierung nachdachte, sondern über den Zerfall der bäuerlichen Gesellschaft und der bürgerlichen Werte in der Auseinandersetzung mit den Idealen der Aufklärung und den realen Folgen der französischen Revolution.

Pestalozzi entwickelte auf diesem Hintergrund die Idee der Erziehung der Armen zur Armut.

Obwohl Pestalozzi zunächst die Revolution und ihre Ideale der Freiheit, Gleichheit und Brüderlichkeit begrüßt hatte und sogar französischer Ehrenbürger wurde, lehnte er diese später, nach Erfahrungen mit Gewalttätigkeiten der Revolutionäre, ab. Sein Ideal einer „guten Gesellschaft" stellte er in dem Roman „Lienhard und Gertrud" vor: eine Rückkehr zu patriachalischen Verhältnissen, in denen der Pfarrer zusammen mit dem „guten Regenten" die Laster (Alkohol, Wucherei) aus dem Dorf vertreibt.

Pestalozzi ging davon aus, dass der Mensch zwischen seinen natürlichen (tierischen) Trieben und gesellschaftlichen wie sittlichen Ansprüchen steht. Die Sittlichkeit letztlich ermöglicht dem Menschen erst ein Leben in der Gesellschaft. Sittlichkeit ist aber nur auf dem Weg der Erziehung und Bildung möglich – diese wirkt quasi präventiv.

Nachdem Pestalozzi zunächst sehr begeistert von Schriften des französischen Aufklärungsphilosophen Jean Jaques Rousseau war, begann er mit zunehmender eigener Erziehungserfahrung, aber auch nach der Erfahrung der Revolution in der Schweiz, seinem Vorbild zu widersprechen, und zwar in Bezug auf Rousseaus idealistischen Begriff von Natur. Pestalozzi schrieb:

> „Wo du die Erde der Natur überlässest, da trägt sie Unkraut und Distel, und wo du ihr die Bildung deines Geschlechts überlässest, da führt sie dasselbe weiter nicht, als in den Wirrwarr einer Anschauung, die weder für deine, noch für die Fassungskraft deines Kindes so geordnet ist, wie ihr es für den ersten Unterricht bedürfet." (Pestalozzi, zit. n. Liedtke 1998, S. 126)

Daher sollte zur Verbesserung der Menschheit die Unterrichtung vor allem der armen Kinder erfolgen. In dem berühmt gewordenen Stanser Brief beschrieb er 1799 einem Freund den Versuch, armen, durch die Revolution entwurzelten Kindern ein neues Heim zu geben. Allein, nur mit der Hilfe einer Haushälterin, wollte er eine gute „häusliche Erziehung" nachahmen, den Kindern Vater und Mutter zugleich sein. Dabei erkannte Pestalozzi bereits die wesentliche Bedeutung der emotionalen Zuwendung für Bildungsprozesse sowie die Notwendigkeit einer ganzheitlichen Bildung von „Kopf, Herz und Hand". Auch dass die Voraussetzung jeglicher sittlicher Erziehung in der „allseitigen Besorgung" der Kinder liegt, hat Pestalozzi gesehen:

> „Alles, was es (das Kind, C.K.) lieb macht, das will es. Alles, was ihm Ehre bringt, das will es. Alles, was große Erwartungen in ihm rege macht, das will es. *Aber dieser Wille wird nicht durch Worte, sondern durch die allseitige Besorgung des Kindes und durch die Gefühle und Kräfte, die durch diese allseitige Besorgung in ihm rege gemacht werden, erzeugt.* Die Worte geben nicht die Sache selbst, sondern nur die deutliche Einsicht, das Bewusstsein von ihr." (Herv. C.K., Pestalozzi 1799, [1961], S. 9 f.)

Mit anderen Worten: Man kann Kindern nicht lesen und schreiben beibringen, wenn sie hungrig sind, und nicht zur Sittlichkeit erziehen, wenn sie die Krätze haben oder voller Läuse sind. Pestalozzis Einsicht in den Vorrang der physischen und emotionalen Bedürfnisse vor denen der Erziehung und Bildung ist bis heute eine nicht zu vernachlässigende für den Umgang mit „armen" bzw. vernachlässigten Kindern.

Die erste hier vorgestellte und von den Sozialpädagogen des 19. Jahrhunderts wieder aufgegriffene Antwort auf Armut und Vernachlässigung ist die Aufklärung des Menschen durch Bildung.

2.1.2 Thomas Robert Malthus: eine Antwort des ökonomischen Liberalismus

Dem englischen Geistlichen Malthus (1766-1834) zufolge war die Armut der Lohnarbeiter durch deren zu hohe Kinderzahl bedingt. In seinem 1798 erschienenen „Essay on the Principle of Population" reflektierte er die in England bereits zu dieser Zeit sichtbaren Folgen des Frühkapitalismus und vertrat die These, dass Not und Elend der Arbeiter das einzige Mittel seien, einerseits die Bevölkerungsexplosion zu bremsen und andererseits die Menschen zur Arbeit zu bewegen. Daher kritisierte er die damals in England eingeführten Lohnerhöhungen aus staatlichen Mitteln, da diese die Arbeiter zur weiteren „Vermehrung" anreizen würden. Die erhöhte Zahl der Arbeiter drücke dann auf das Lohnniveau und bringe daher dem Arbeiter selbst nur Nachteile. Auch eine Unterstützung der nicht arbeitsfähigen Armen lehnte Malthus mit der Begründung ab, dass dann anderen Menschen etwas weggenommen werden müsse und die Arbeitsunfähigen ermuntert würden, sich fortzupflanzen. Es sei – so Malthus – nicht nur Gottes Plan, dass Not und Elend auf der Welt existieren, es sollte zudem das freie Spiel der wirtschaftlichen Kräfte nicht gestört werden, welches von sich aus in sinnvoller Weise die Bevölkerungszahl reguliere.

Die Armen sollten daher allein der privaten Wohltätigkeit überlassen bleiben, die man – leider (so Malthus) – nicht ausrotten könne. In späteren Auflagen seines Buches hat Malthus seine radikalen Thesen zum Teil abgemildert und den Ausbau einer Kinderfürsorge gefordert, deren Ziel es sein sollte, die armen Kinder zur sexuellen Enthaltsamkeit zur erziehen. Dies sei sozialpolitisch gesehen die „einzig wirksame Methode, die Lage der Armen zu verbessern" (Malthus 1879, S. 642):

> „Sie (die Methode, C.K.) besagt bloss, dass er (der Arme, C.K.) keine Wesen in die Welt setze, für die er keinen Unterhalt finden kann. Ist dieser Gegenstand einmal von dem Dunkel, in das ihn Gemeindeunterstützung und freiwillige Almosen gehüllt haben, befreit, so muss Jederman seiner Verpflichtung inne werden. Wenn er seine Kinder nicht erhalten kann, so müssen sie Hungers sterben, und wenn er trotz der Wahrscheinlichkeit, sie nicht ernähren zu können, heirathet, so verschuldet er all das Übel, das er auf sich, seine Frau und seine Kinder herabbeschwört. Es ist offenbar sein eigenes Interesse und wird erheblich zur Förderung seines Glückes beitragen, wenn er das Heirathen verschiebt, bis er durch Fleiss und Sparsamkeit dahin gelangt ist, daß er die Kinder erhalten kann, die er aus seiner Ehe zu erwarten hat; und da er mittlerweile seine Leidenschaften nicht befriedigen kann, ohne einem ausdrücklichen Gebote Gottes zuwider zu handeln und große Gefahr zu laufen, sich und seinen Nebenmenschen zu schaden, so muss ihm das eigene Interesse die strenge Verpflichtung zu einem keuschen Lebenswandel, so lange er ledig bleibt, vorschreiben." (Malthus 1879, S. 645)

Die Thesen von Malthus spielten sowohl im Sozialdarwinismus wie auch im Wirtschaftsliberalismus des 19. Jahrhunderts eine große Rolle und wurden – in verschärfter Form – auch im Nationalsozialismus wieder aufgenommen (hier jedoch mit der rassistisch geprägten These, dass nicht vor, sondern nach der Geburt die Zuchtauswahl stattfinden solle, vgl. Kapitel 4).

Die von Malthus errechneten, angeblichen Gesetzmäßigkeiten einer Bevölkerungsentwicklung, die abhängig von der Nahrungsmittelentwicklung sind, galten in der Wirtschaftswissenschaft lange Zeit als ernsthafte Erklärung. Diese Auffassung gilt aber heute als überholt.

Zusammengefasst kann die zweite Antwort auf die soziale Frage nach Malthus lauten, dass die Fortpflanzung der Armutsbevölkerung – möglichst durch Erziehung zur Enthaltsamkeit – beschränkt werden muss.

2.1.3 Karl Marx und das kommunistische Manifest – eine politisch-revolutionäre Antwort auf die soziale Verelendung

Zu einer ganz anderen Beurteilung der Ursachen der Not der Arbeiter kam der Philosoph und Ökonom Karl Marx (1818-1883). Er sah die zunehmend ungerechte Verteilung von Reichtum und Armut darin begründet, dass im *Kapitalismus* zwar nicht mehr Feudalherren, aber dafür bürgerliche Kapitalisten aus der Arbeit der von ihnen angestellten Arbeiter Profit zogen. Dieser Profit lag nach Marx deutlich höher als in der landwirtschaftlichen Feudalproduktion und war unverhältnismäßig mehr als ein Lohn für die organisatorische Arbeit der Unternehmer.

Nach Marx beuteten die Kapitalisten die Arbeiter in ihren Fabriken aus. Die Arbeiter besaßen nur ihre Arbeitskraft und mussten als Lohn akzeptieren, was ihnen angeboten wurde. Dieser Arbeitslohn reichte jedoch nicht einmal, um eine Familie davon zu ernähren und so mussten Frauen (auch schwangere und stillende) sowie auch Kinder mitarbeiten, um zu überleben.

Im Gegensatz zu Malthus hatte Marx grundsätzlich eine hohe Meinung vom Wert der Arbeit, denn diese macht den Menschen erst zum Menschen, da dieser sich durch Arbeit seine Umwelt aneigne. Dies unterscheide den Menschen vom Tier. Allerdings galt diese

Wertschätzung nicht für die „entfremdete" Arbeit in den Fabriken, da sich der Arbeiter durch die Arbeitsteilung und den Zwang zu profitabler, effektiver Leistung nicht mit dem Endprodukt seiner Arbeit identifizieren könne:

> „Die Arbeit der Proletarier hat durch die Ausdehnung der Maschinerie und die Teilung der Arbeit allen selbständigen Charakter und damit allen Reiz für den Arbeiter verloren. Er wird ein bloßes Zubehör der Maschine, von dem nur der einfachste, eintönigste, am leichtesten erlernbare Handgriff verlangt wird. (...) Die moderne Industrie hat die kleine Werkstube des patriarchalischen Meisters in eine große Fabrik des industriellen Kapitalisten verwandelt. Arbeitermassen, in der Fabrik zusammengedrängt, werden soldatisch organisiert. Sie werden als gemeine Industriesoldaten unter die Aufsicht einer Hierarchie von Unteroffizieren und Offizieren gestellt. Sie sind nicht nur Knechte der Bourgeoisklasse, des Bourgeoisstaates, sie sind täglich und stündlich geknechtet von der Maschine, von dem Aufseher und vor allem von den einzelnen fabrizierenden Bourgeois selbst. Diese Despotie ist umso kleinlicher, gehässiger, erbitternder, je offener sie den Erwerb als ihren Zweck proklamiert" (Marx/Engels 2005, S. 27).

Die *Ausbeutung der Lohnarbeiter* war nach Marx jedoch in der Mehrheit kein individuelles moralisches Versagen der kapitalistischen Klasse, sondern ein systematisch durch die Konkurrenz zwischen den einzelnen Unternehmen hervorgebrachtes Problem. Um als Betrieb zu überleben, musste der einzelne Unternehmer die Kosten für die Produkte und damit die Arbeitslöhne so gering wie möglich halten. Es konnte nach Marx daher nicht in seinem Interesse liegen, auch für die Reproduktion der Arbeiter (Versorgung von Kranken, Alten, Kindern) zu sorgen. Die Zerstörung des Familienlebens ist daher nach Marx eine Folge des Zwangs zur Arbeit für alle Familienmitglieder, wodurch auch die Kinder zum „Handelsartikel und Arbeitsinstrument" degradiert würden (Marx/Engels 2005, S. 39). Diese „moderne Unterjochung unter das Kapital" hat ebenfalls zur Folge, dass Gesetz, Moral und Religion von der Arbeiterklasse nicht mehr akzeptiert werden können, da sich dahinter nur die bürgerlichen Vorurteile und vor allem bürgerliche Interessen verstecken würden (Marx/Engels 2005, S. 31). Denn die „herrschenden Ideen einer Zeit waren stets nur die Ideen der herrschenden Klasse" (Marx/Engels 2005, S. 40).

Der von der bürgerlichen Klasse beklagte moralische „Verfall“ stellt nach Marx daher nur die berechtigte Reaktion der Proletarier auf die Erkenntnis dar, dass die moralischen Regeln der Gesellschaft (Fleiß, Monogamie) nur der herrschenden Klasse nützten, während sie die beherrschte Klasse der Ausbeutung und der Doppelmoral der Herrschenden ausliefere.

Aus dieser gesellschaftlich erzeugten Notlage konnten sich Marx zufolge nur die Arbeiter selbst befreien und zwar durch eine politische Revolution, wie sie die Bürger Frankreichs in der Französischen Revolution 1789 vorgemacht hatten. Marx schrieb diese Hoffnung auf eine durch Revolution herbeigeführte größere soziale Gerechtigkeit 1848 mit Friedrich Engels zusammen im *„Kommunistischen Manifest“* nieder.

Die Utopie von einer anderen, nicht entfremdeten Arbeit und einer Gesellschaft, in der sich jeder nach seinen Fähigkeiten einsetzt und jedem nach seinen Bedürfnissen gegeben wird, stellt bis heute einen wichtigen Bezugspunkt für die Frage nach sozialer Gerechtigkeit dar. Über den Weg dorthin wird bis heute gestritten, für den jungen Marx geht gesellschaftliche Veränderung nur über den Weg der Revolution, nicht über den der Reform.

Für die Soziale Arbeit besonders relevant ist die Interpretation der Existenz einer Armutsbevölkerung als einer notwendigen Bedingung für das effektive Funktionieren kapitalistischer Produktion. Zunächst produziert der Kapitalismus eine „Armee“ von arbeitslosen Menschen, da herkömmliche Methoden der Herstellung im Handwerk oder in der Landwirtschaft uneffizient werden und ihr Preis der Konkurrenz der industriellen Produktion nicht standhalten kann. Nach Marx wurden überflüssige Arbeitskräfte daneben auch durch konjunkturelle Schwankungen der Nachfrage erzeugt sowie durch die Tendenz des Kapitals, durch konkurrierende Produktion andere Produzenten in den Konkurs zu treiben (was wieder Arbeitslosigkeit zur Folge hat).

Von diesem Prozess profitieren erneut gerade die Kapitalisten, denn nun lassen sich die Arbeiter zu noch günstigeren Lohnbedingungen beschäftigen und die Fabrik kann mit noch billigeren Waren die Konkurrenz weiter antreiben. Marx spricht in diesem Zusammenhang von einer „relativen Überbevölkerung“ und grenzt sich deutlich gegenüber dem „bornierten“ Malthus ab, der eine absolute Überbevölkerung behauptet habe (Marx 1973, S. 663).

In dem ständigen Konkurrenzkampf der Kapitalisten und der Lohnarbeiter um den billigsten Arbeitslohn bleiben jedoch bestimmte Gruppen auf der Strecke, die „klassischen“ Zielgruppen der Armenpflege und -fürsorge. Marx teilte sie in drei Gruppen, erstens die Arbeitsfähigen, zweitens die Armen- und Waisenkinder, und in der dritten Kategorie befand sich das „Lumpenproletariat“:

> „Verkommene, Verlumpte, Arbeitsunfähige. Es sind namentlich Individuen, die an ihrer durch die Teilung der Arbeit verursachten Unbeweglichkeit untergehen, solche, die über das Normalalter eines Arbeiters hinausleben, endlich die Opfer der Industrie, deren Zahl mit gefährlicher Maschinerie, Bergwerksbau, chemischen Fabriken etc. wächst, Verstümmelte, Verkrankte, Witwen etc. Der Pauperismus bildet das Invalidenhaus der aktiven Arbeiterarmee und das tote Gewicht der industriellen Reservearmee. (...) (Er) bildet ... eine Existenzbedingung der kapitalistischen Produktion und Entwicklung des Reichtums.“ (Marx 1973, S. 672)

Marx behauptet nun, dass je größer der akkumulierte Reichtum werde, desto größer werde auch die Reservearmee und mit ihr der Pauperismus. Letzterer kann und wird somit auch erst in einer kommunistischen Gesellschaft, in der das Privateigentum an Produktionsmitteln aufgehoben ist, aufhören zu existieren.

Die Thesen von Marx und Engels entfachten europaweit eine große soziale Bewegung der Arbeiter. In der Perspektive der nun beginnenden sozialistischen Bewegung war Armut weder gottgewollt noch durch Faulheit oder unkontrollierte „Vermehrung“ hervorgerufen, sondern es war die Folge ungerechter gesellschaftlicher Produktionsverhältnisse, die eine durch nichts zu rechtfertigende, ungerechte Verteilung von Gütern hervorrief.

In Deutschland wurden die marxistischen Ideen von der 1875 gegründeten sozialistischen Arbeiterpartei (ab 1890 von der Sozialdemokratischen Partei Deutschlands, SPD) aufgegriffen. Das revolutionäre Projekt wurde von ihr bis 1914 verfolgt und danach aufgegeben (was die Gründung der Kommunistischen Partei Deutschlands 1918 nach sich zog). Soziale Reformen und private Wohltätigkeit wurden bis 1914 von der Sozialdemokratie abgelehnt, da diese die Bedingungen der Klassengesellschaft verschleierten und das ungerechte System verlängerten, denn nach ihrer Auffassung treibe nur das Elend die Arbeiter zur Revolution, während soziale Reformen und karitative Unterstützungen sie mit dem ungerechten System versöhnen könnten (vgl. dazu auch Luxemburg 1899).

Zusammengefasst besteht die dritte Antwort auf die soziale Frage, die Karl Marx und die sozialistische Arbeiterbewegung gaben, in einer Aufforderung zur Klassensolidarität und dem Aufruf zu einem gewaltsamen Umsturz bestehender Besitzverhältnisse, da sich sonst Armut immer neu reproduziere.

2.1.4 Johann H. Wichern und die Innere Mission: eine konservativ-religiöse Antwort auf die „sittliche Not"

Auch auf kirchlicher Seite rief die massenhafte Verelendung in den Städten eine neue Bewegung ins Leben, die sich allerdings ausdrücklich als Gegenbewegung zum revolutionären Kommunismus verstand. Initiator dieser neuen, auf die eigene Bevölkerung, also nach „innen" gerichteten „Missions"-bewegung war Johann Heinrich Wichern (1808-1891), der 1833 das *Rauhe Haus* in Hamburg als „Rettungsanstalt" für „verwahrloste" Kinder gründete.

Auf dem Weg einer sittlichen Erziehung – so hoffte Wichern – könnten die schädlichen Folgen der Industrialisierung wenigstens für die Kinder abgemildert werden. Den Eltern bot er an, ihre Kinder in den kleinen Familieneinheiten des Rauhen Hauses christlich zu erziehen und für ihre Ausbildung Sorge zu tragen. Seine Gedanken über die Bedeutung des Familienprinzips in familienersetzenden Institutionen waren seiner Zeit und auch der Praxis vieler anderer „Anstalten" dabei weit voraus (vgl. Wichern 1979). Seine pädagogischen Ansichten über Erziehungsziele waren dagegen eher zeitgenössisch davon geprägt, dass den „der Sünde verfallenen", d.h. ungehorsamen oder stehlenden Kindern die Tugenden der „Ordnung, ... Sparsamkeit, ... Arbeitsamkeit und ... der häuslichen Sitte" eingepflanzt werden sollten (Wichern 1889, S. 128).

Ab 1844 gab Wichern die „Fliegenden Blätter" heraus, was erheblich zur Verbreitung des Rettungshausgedankens beitrug. Für seinen Erfolg allerdings spielte die „Brüderanstalt", die eine planmäßige und fundierte (allerdings v.a. theologische) Ausbildung von Rettungshausvätern durchführte, eine noch wichtigere Rolle. Ausgehend von diesen jugendfürsorgerischen Aktivitäten weitete Wichern seine Arbeit später auch auf Gefängnisfürsorge und allgemeine Wohlfahrtsfragen aus.

1849 verfasste Wichern den Aufruf zur Gründung der „Inneren Mission". In der modernen Industriegesellschaft – so die grundlegende These Wicherns – kann die normale Diakonie (christliche Wohlfahrtspflege) im Rahmen der Kirchengemeinden nicht mehr den neuen Notlagen gerecht werden. Deshalb müssten größere diakonische Verbände diese Aufgabe übernehmen. Anlass der *„Denkschrift"* zur Gründung der „Inneren Mission" war – wie bereits erwähnt – die Revolution von 1848 in Deutschland, der erste Versuch, die Monarchie ab- und eine Demokratie zu schaffen. Besonders die revolutionären Kräfte, die darüber hinaus den Kapitalismus, das Privateigentum (und die Religion!) abschaffen wollten, erregten den bürgerlichen Widerstand, der sich auch in Wicherns Denkschrift deutlich niederschlug:

> „Die innere Mission hat die Revolution der Gegenwart um soviel mehr ins Auge zu fassen, als dieselbe in ihren letzten Gründen nicht etwa nur den Umsturz dieser oder jener politischen Verfassung will, sondern mit dem Geist zusammenhängt, der nicht bloß die Bekämpfung des Christenthums zum Gegenstande seiner muthwilligen Lust erkoren, sondern welcher alle Religionen und allen Gottesdienst zu vernichten trachtet, und infolge dessen die Zerstörung aller Begriffe von Recht und Gesetz, von Freiheit und Wahrheit, also aller sittlichen Grundlagen der Gesellschaft bezweckt. (...) Der Kern der revolutionären Partei verkündet den Atheismus, ja bekennt sich zum Theil offen zum Satanismus ... ." (Wichern 1889, S. 36)

Im Kommunismus sah Wichern den Versuch, die „alte Menschheit" zu ruinieren, um eine „angeblich neue, bessere Welt zu schaffen" (Wichern 1889, S. 113). In Bezug auf den bestehenden Staat bezog Wichern eine klare Gegenposition, indem er von der „göttlichen Stiftung der Obrigkeit" sprach und mit Luther betonte, dass derjenige, der sich der Obrigkeit widersetze, sich auch Gottes Ordnung widersetzt. Die Masse sei nun von dieser Wahrheit „abgefallen" und solle mit Hilfe der Inneren Mission dazu gebracht werden, diese Wahrheit wieder anzuerkennen, allerdings „durch die Waffen des Geistes; denn Gewalt und Zwang ist ihr fremd; ihr Reich ist das der Freiheit und der Liebe" (Wichern 1889, S. 9).

Wiederholt betonte Wichern in der Denkschrift, dass die Massen nicht nur äußerlich, sondern vor allem auch innerlich dem Verderben und der „sittlichen Entartung ... anheimgefallen" seien. Daher müsse sowohl die äußere als auch die innere Not bekämpft werden (Wichern 1889, S. 6; 15 f.). Zur inneren Not zählte er die Trunksucht und die Prostitution, aber auch die „Entartung der Leselust" (Wichern 1889, S. 104). Den Ansatzpunkt für diese Bekämpfung des „inneren Pauperismus" sah Wichern in der *Familie,* da auch diese wie die Obrigkeit von Gott gestiftet sei:

> „Die Familie ist hier genannt als der eigentliche Ausgangspunkt, um den es sich bei den sogen. socialen Fragen handelt. (...) Die christliche Wiederherstellung der Familien und Hausstände in jeder Beziehung und die Erneuerung und Wiedergeburt aller damit unmittelbar zu verknüpfenden Verhältnisse der Erziehung, des Eigenthums, der Arbeit und der durch sie bedingten Stände wird eine der Hauptaufgaben der inneren Mission sein ...." (Wichern 1989, S. 9)

Auf sozialem Gebiet müsse daher vorbeugend gegen zerrüttete Familienverhältnisse gekämpft werden, gegen die „wilden und die leichtfertig und gottlos geschlossenen und geführten Ehen", denn aus diesen gingen voreheliche, uneheliche und vor allem verwahrloste Kinder zu „mehreren Tausenden" hervor (Wichern 1889, S. 109). Dort sei auch die „Pflanzschule des faulenden Proletariats", die Vorschule der Prostitution, des Verbrechens, des Lasters, der schamlosen Bettelei und der „unbändigen Lust". Die Verarmung der Bevölkerung erklärt Wichern hauptsächlich aus diesem sittlichen Verfall, allerdings räumte er ein, dass daneben auch „ungünstige gewerbliche Verhältnisse mitwirken" können (Wichern 1889, S. 110).

Um dem sittliche Verfall der Armen entgegentreten zu können, sollte sich die innere Mission im Gegensatz zur kirchlichen Armenpflege auch gegen das sittliche Verderben der Reichen richten. Hier muss Wichern zufolge der Hochmut gebrochen, Frivolität, Herzlosigkeit, Geiz und Habsucht bekämpft sowie die Liebestätigkeit geweckt werden.

Nur so könnten die Armen sehen, wer wirklich ein rechtes Herz für sie habe und die Reichen könnten lernen, Christus in den Armen zu lieben (Wichern 1889, S. 21, S. 113).

Diesem Zweck dienten die Vereine der Inneren Mission, die in vielfältigen Bereichen tätig waren: Gefangenenfürsorge, Stadtmission, Bildungs- oder Besuchsvereine, Wöchnerinnen- und Krankenpflege, Rettungshäuser, Kindergärten, Gesellenherbergen u.a.m.

All die genannten Tätigkeitsbereiche erforderten nach Wichern aber immer mehr Menschen, die die innere Mission zu ihrem vollständigen Lebensberuf machen wollten. Daher entwarf Wichern ein Profil für die Ausbildung dieser ersten hauptberuflichen Helferinnen und Helfer, eine erste Idee professioneller sozialer Hilfsarbeit – allerdings eingebunden in ein missionarisches Konzept.

In besonderen *Bildungsschulen* sollten sowohl die „untergeordneten Gefängnisbeamten" wie auch die „Helfer der Schutzvereine" oder die „Diakone in Einzelgemeinden" ausgebildet werden, aber auch „Agenten" für Enthaltsamkeitsvereine, „Hausväter" für die Rettungshäuser, Gehilfen für die Armenpflege und Leiter für „alle sonstigen Institute" der inneren Mission (Wichern 1889, S. 98 f.):

> „Theoretisch eingeführt in das Gebiet der inneren Mission und praktisch geübt nach verschiedenen Seiten hin, auch technisch ausgerüstet mit der nöthigen Fertigkeit im Geschäftlichen, in Werkstätten und auf dem Lande, – eine Uebung, die ihnen in der Zeit der Vorbereitung ebenso heilsam, als für ihren spätern Beruf irgendwie nützlich sein wird, – so im besten Sinne des Wortes geschult, in brüderlicher Gemeinschaft gestärkt und geläutert, in Gottes Wort wohl gegründet und sorgfältig unterwiesen, müssten diese Männer von solchen Instituten in die einzelnen Arbeitsfelder entlassen werden." (Wichern 1889, S. 99)

Wichern kritisierte die Verrechtlichung der Armenpflege in den bürgerlichen Gemeinden, da diese zu schematisch vorgehe und den Eindruck erwecke, als gäbe es ein „Recht auf Almosen". Dies habe dazu geführt, dass die Sittlichkeit der Armen gefährdet bzw. vernichtet wurde, ja dass teilweise dem Kommunismus in die Hände gearbeitet worden sei (Wichern 1889, S. 129). Da es keine persönlichen Beziehungen mehr zwischen Geber und Empfänger gebe, würde das Gefühl der Dankbarkeit und Ehrfurcht erstickt. Letztendlich führe dieses

„Staatsalmosen" zu Lüge, Heuchelei und zu unverschämten Forderungen. Dagegen führe der persönliche Verkehr mit der freiwilligen Armenpflege zu Dankbarkeit und Ehrfurcht. Die christlichen Vereine der inneren Mission stellten mit ihrer „mütterlichen Vermittlung" einen wirksamen „christlichen Sozialismus" dar, während der atheistische, radikale Kommunismus für Wichern nur dessen „frühreife monströse Caricatur" sei (Wichern 1889, S. 134).

Wicherns Reaktion auf die soziale Frage fiel damit anders aus als die von Marx. Zwar erkannte er die Notlagen an, teilweise auch die gesellschaftlichen Ursachen, hoffte aber durch verstärkte christliche Nächstenliebe und Hilfstätigkeit die negativen Auswirkungen, v.a. für die Kinder aufzufangen. Nicht Revolution, sondern Diakonie als organisierte christliche Nächstenliebe war deshalb seine Antwort, die vierte der hier vorgestellten. Auch Wicherns Thesen lösten eine breite soziale Bewegung aus, die von christlichen Bürgern getragene Rettungshausbewegung, sowie vielfältige diakonische Initiativen und Vereine, die bis heute die Landschaft sozialer Institutionen prägen.

2.1.5 Arnold Toynbee und die englischen Settlements: eine soziokulturell-gemeinwesenorientierte Antwort

Im Unterschied zu Deutschland gab es in England bereits um 1850 eine Vielzahl sozialkritischer Intellektueller (Carlyle, Ruskin, Disraeli etc.), die die Spaltung der Nation in Arme und Reiche scharf kritisierten und zu sozialem Engagement und zu praktischen Reformen aus bürgerlicher Verantwortung heraus aufriefen. Dabei sollten nicht nur die materiellen Güter, sondern auch Bildung und Kultur gerechter verteilt werden. Arnold Toynbee, ein junger Dozent in Oxford, der oft die Slums von Whitechapel, einem Londoner Arbeiterviertel, aufsuchte, entwickelte zusammen mit dem dort tätigen Vikar Samuel Barnett (1844-1930) und dessen Frau Henrietta Octavia (1851-1935) die Idee einer Universitätsniederlassung in eben diesem Viertel. Nach dem Tode Toynbees verwirklichten die Barnetts 1884 diesen Plan und errichteten die *Toynbee-Hall,* ein sog. „settlement" (auf deutsch: Ansiedlung, Niederlassung). Dieses sollte eine Wohnstatt sein, in der wohlhabende und gebildete Menschen ausdrücklich die Nachbarschaft der ungebildeten Armen suchten, um diesen kulturelle Angebote (von der Kunstausstellung zum gemeinsamen Wandern) zu machen und für soziale Verbesserungen im Stadtteil (z.B. Kinderspielplätze) einzutreten. Mit dieser Idee des „settlements" wurde eine neue und bis heute bedeutsame Methode in die Soziale Arbeit gebracht, denn nun trat neben das von Wohltätigkeitsvereinen praktizierte „friendly visiting" (freundliche Besuche) von Hilfebedürftigen die Idee einer *„Gemeinwesenarbeit"*.

Die „settlements" fanden bald viele Nachahmer. In England existierten um 1900 bereits 42 (davon 26 in London). Auch im Ausland wurde die Idee aufgegriffen, in Deutschland von Friedrich Siegmund Schultze (zur offenen Jugendarbeit in der Berliner „Kaffeeklappe" vgl. Siegmund Schultze 1990) und von Alice Salomon mit ihren „Arbeiterinnenclubs" (vgl. Kuhlmann 2000).

Eine der bekanntesten Gründerinnen von Settlements ist die Friedensnobelpreisträgerin Jane Adams, die nach einem Besuch von Toynbee Hall 1889 das *Hull House* in einem Einwandererviertel in Chicago für die dort lebenden Italiener, Griechen, Iren und Deutschen gründete und erste Ansätze einer interkulturellen Arbeit entwickelte (Kurse über griechische Dramen oder russische Literatur). Addams forderte bessere Arbeiterschutzgesetze und engagierte sich am Jugendgericht. Sie arbeitete mit der School of Sociology der Universität Chicago, besonders mit George Herbert Mead sowie mit John Dewey wissenschaftlich zu verschiedenen Themen der Sozialreform und der Frauenrechte.

Sie setzte sich daneben für ganz praktische Dinge ein, wie die Verbesserung der Müllabfuhr im Viertel. Das Hull-House fungierte ab und zu auch als Zuflucht: sie nahm kurzfristig behinderte Säuglinge, geschlagene Ehefrauen oder uneheliche Mütter mit ihren Kindern auf. Ein Arbeiterinnenwohnheim auf genossenschaftlicher Grundlage wurde angegliedert. Addams kümmerte sich auch um alte Frauen, die oft nach jahrelanger häuslicher Arbeit von den Armenverwaltungen abhängig wurden und ins Siechenhaus übersiedeln mussten. Ähnlich wie schon Pestalozzi sahen die Vertreter der Settlementbewegung in ihrer Antwort auf die soziale Frage die große Bedeutung von Bildung, allerdings hier einer kulturellen Bildung der Erwachsenen. Diese Bildungsangebote verorten sich darüber hinaus im Sozialraum und bieten konkrete Hilfen an – nicht wie bei Kindern notwendig als

„allseitige Besorgung“, sondern als sozialpolitisch Verbündete. Die fünfte Antwort auf die soziale Frage lautet zusammengefasst: Es sollen die Lebensbedingungen der Armutsbevölkerung in ihren Wohnvierteln verbessert und vor Ort soziokulturelle Angebote geschaffen werden.

2.1.6 Volksbildung von Diesterweg zu Natorp: eine sozialpädagogische Antwort

Ebenfalls durch Bildung, aber nicht im Rahmen von Settelements, sondern durch Kindergärten und bessere Volksschulen versuchten vereinzelte Pädagogen in Deutschland dem sozialen Problem zu begegnen. Adolph Diesterweg verstand unter Sozialpädagogik eine Pädagogik, die versuchte, „das Volk“ aus Elend und Abhängigkeit zu befreien. Karl Mager wollte durch die Sozialpädagogik zur Demokratie erziehen, d.h. das Objekt einer so verstandenen Sozialpädagogik waren nicht Randgruppen, sondern die Mehrheit der Bevölkerung. (vgl. Müller 2005)

Auch der Philosophieprofessor Paul Natorp hat in seinem Werk gegen Ende des 19. Jahrhunderts die Sozialpädagogik als eine Pädagogik der gesellschaftlichen Veränderung verstanden.

Allerdings war Sozialpädagogik für Natorp im Gegensatz zu Diesterweg nicht ein einzelnes Segment, also die Bildung der unteren Volksschichten, sondern bedeutete ein neuartiges Verständnis von Pädagogik überhaupt. Ziel sei es, eine „gebildetere“ und bessere Gesellschaft zu erreichen, indem man mündige und sozial verantwortungsvolle Staatsbürger erzieht. Dies sei nur durch *Gemeinschaftserziehung* (von der Familie über Kindergarten und Schule zur Universität) möglich:

> „In der Familie werden die Strukturen des guten Gemeinwesens vorweggenommen, die Regierung des Familienvaters verkörpert dem Kind die Regierung des Staatswesens, die es als Erwachsener selbst erfahren bzw. ausüben wird.“ (Natorp 1905, zit. n. Konrad 1993, S. 299)

Da für Natorp Erziehung im Wesentlichen Willensbildung war und diese nur in einer Gemeinschaft so gelernt werden kann, dass sie auch das „Wollen des Andern von der Familie, Gemeinde, Staat, Menschheit“ mit einbezieht, ist für ihn jede Individualpädagogik eine reine Abstraktion, die überwunden werden muss. Der Mensch wird Natorp zufolge erst zum Menschen durch die Gemeinschaft und „zwar durch die Bildungsaktivitäten der Gemeinschaft" (Natorp 1909, S. 701).

Diese Idee des sozialen Lernens in der Gruppe wurde später nicht nur von Schulreformern, sondern auch von Vertreterinnen der Kindergartenpädagogik aufgegriffen. Die sozialpädagogische Idee, nicht nur die Armen zu bilden, sondern alle Bürger zu sozialer Verantwortung zu erziehen, stellt also zusammengefasst die sechste Antwort auf die soziale Frage dar.

2.1.7 Die Kathedersozialisten und die bürgerliche Sozialreform: eine sozialpolitische Antwort

Die Bewegung der bürgerlichen Sozialreform entstand in Deutschland v.a. aus der Kritik am Verhalten des Staates, der sich im 19. Jahrhundert mit Eingriffen in die unternehmerische Freiheit stark zurückgehalten hatte. Als sog. *„Nachtwächterstaat"* intervenierte er nur im äußersten Notfall - also nur, wenn eigene Interessen gefährdet waren.

Einer dieser Fälle trat ein, als die miserablen Musterungsergebnisse des preußischen Militärs, die schädlichen körperlichen Folgen von kindlicher Fabrikarbeit offenbarten. Das „Preußische Regulativ über die Beschäftigung jugendlicher Arbeiter in Fabriken" vom 6.4.1839 sollte daraufhin Kinder unter 9 Jahren vor der Arbeit in Fabriken und Jugendliche unter 16 Jahren vor Nacht -und Sonntagsarbeit schützen.

Diese zaghaften Schritte waren vielen bürgerlichen Reformern nicht genug. Nach der Reichsgründung von 1871 versuchten v.a. die sog. *Kathedersozialisten* mit Bezug auf die nationale Verantwortung, gesetzliche Regelungen - bis hin zur Verstaatlichung von Schlüsselindustrien - zu erwirken, welche die Freiheit der Ökonomie zugunsten von Arbeiterschutzgesetzen und *Sozialversicherungen* einschränken sollte (vgl. Schmoller 1918).

Die siebte Antwort auf die soziale Frage lautete also weder Revolution noch kompensierende christliche Nächstenliebe noch Bildung, sondern sozialpolitische Reformen im nationalstaatlichen Rahmen. Viele Schutz- und Versicherungsgesetze des späten 19. Jahrhunderts sind auf das Engagement der bürgerlichen Sozialreformer zurückzuführen.

2.1.8 Henriette Schrader-Breymann und die „geistige Mütterlichkeit“: eine feministische Antwort

Die in der zweiten Hälfte des 19. Jahrhunderts entstehende erste deutsche Frauenbewegung hatte ebenfalls eine eigene Antwort auf die Herausforderungen der industriellen Klassengesellschaft und ihre Notlagen. Um überhaupt ihre Stimme öffentlich erheben zu können, mussten Frauen jedoch zunächst ihre eigenen Bildungs- und Staatsbürgerrechte erkämpfen, da sie von diesen neu entstandenen Machtmitteln der Moderne noch ausgeschlossen waren. Fast unvorstellbar erscheint von heute aus betrachtet, in welchem Maße die Bürgerrechte von Frauen eingeschränkt waren. Sie durften weder ein Gymnasium noch eine Universität besuchen, nicht Lehrling oder Meister werden, durften nicht über eigenes Geld verfügen und keine Arbeit ohne Erlaubnis des Ehemannes aufnehmen. Ihr Verdienst gehörte automatisch dem Ehemann, der auch die Vormundschaft über die Kinder hatte. Vor Gericht durften Frauen keine Klage führen, in Parlamente durften sie nicht gewählt werden, diese auch nicht wählen, und selbst von Ehrenämtern waren sie ausgeschlossen. Diesem Mangel an Rechten standen viele Pflichten und weitere Benachteiligungen gegenüber: Frauen arbeiteten in Fabriken bis zu 15 Stunden, zahlten auch Steuern wie die Männer und konnten wie diese strafrechtlich verfolgt werden, ja teilweise wurden Frauen, die allein auf der Straße gingen, einzig aus diesem Grund als Prostituierte verhaftet und ins Gefängnis gesperrt (vgl. Gerhard 1990).

Gegen Mitte des 19. Jahrhunderts begann sich Widerstand gegen diese Ungerechtigkeit zu regen. 1865 wurde der erste allgemeine deutsche Frauenverein gegründet, der vorwiegend für das Bildungs- und Berufsrecht von Frauen eintrat. Auch die weiblichen Armenpflegevereine setzten sich zunehmend dafür ein.

Für die Frauen aller Schichten hatte die Verlagerung der Arbeit vom Land in die Stadt und vom familiären Handwerksbetrieb in die Fabrik tiefgreifende Folgen, wenn auch unterschiedliche. Mit den veränderten Arbeitsbedingungen war ein neuer Zwang zur Arbeit in Entfernung vom Wohnort entstanden und dies hatte zu einer zunehmend geschlechtsspezifischen Teilung in produktive (herstellende) und reproduktive (die Arbeitskraft wiederherstellenden) Tätigkeiten geführt. Die produktiven wurden nun den Männern, die reproduktiven den Frauen zugeteilt, denn Frauen – so besagte die neu entstehende bürgerliche Geschlechterideologie – seien von Natur aus passiver, emotionaler, fürsorglicher und sollten daher ihre Aufgaben im Privatleben der Familie sehen (Haushalt, Kindererziehung). Männer dagegen sollten „hinaus ins feindliche Leben" der öffentlichen Arbeitswelt, da hier ihre besonderen Eigenschaften wie Kampf- und Durchsetzungsbereitschaft, rationale Entscheidungsfähigkeit etc. zur Geltung kämen.

Diese geschlechterdualistische Ideologie hatte für Frauen des Proletariats und des Bürgertums sehr unterschiedliche Konsequenzen: In proletarischen Verhältnissen führte sie zu einer Doppelbelastung der Frauen, da Männer und Frauen aus ökonomischen Gründen arbeiten mussten, in bürgerlichen Verhältnissen dagegen waren die Frauen zwar von Bildung und Beruf ausgeschlossen, von den materiellen Dienstleistungen der Familienarbeit jedoch oft durch Dienst-, Küchen- und Kindermädchen entlastet.

Zeitgleich verlor die weibliche Tätigkeit im Haushalt immer mehr von ihrem früheren produktiven Charakter. Von der Erfindung des Streichholzes über die Konservendose bis zur Waschmaschine vollzog sich auch in der traditionellen Frauenarbeit ein Rationalisierungsprozess, der viele unverheiratete Frauen, die bislang in Haushalten mitgearbeitet hatten (auch viele Dienstmädchen), arbeitslos machte. Diese Gruppe strebte nun die Öffnung bestimmter Berufe (z.B. Lehrerin) auch für Frauen an oder entwickelte neue Berufe (z.B. den der Kindergärtnerin).

In dem neu entstehenden Beruf der Kindergärtnerin sollten Frauen öffentlich ihre sonst privat eingesetzten Fähigkeiten nutzen und *„geistige Mütterlichkeit"* praktizieren, wie es Henriette Schrader-Breymann 1868 formulierte. Frauen sollten sich eben „nicht allein an die physische Mütterlichkeit" binden, sondern überall dort wirken „wo Hülfsbedürftige .... an Leib und Seele ..." sind. (Schrader-Breymann [1868] 1962, S. 11).

Die Frauen der nun entstehenden *„Kindergartenbewegung"* lehnten also die ihnen zugewiesene Reproduktionsrolle nicht ab (das war zu dieser stark patriarchalisch geprägten Zeit noch kaum möglich). Allerdings gingen sie mit der Forderung nach eigenständiger Ausbildung über das hinaus, was der Erziehungstheoretiker Rousseau ihnen zugedacht hatte, der behauptete, dass die Frau hauptsächlich dazu da sei, dem Mann zu gefallen.

Die Bildung, die eine Frau benötigte, um dem „Mann zu gefallen", reichte - so die These Schrader-Breymanns - nicht mehr aus, um die erzieherischen Aufgaben als Mutter (oder als Kindergärtnerin) zu erfüllen. Da nun auch das Kleinkind als bildungsfähig angesehen wurde, mussten Mütter selbst gebildet sein, um ihre Kinder schon früh bilden zu können. Dieses Wissen sowie die didaktischen Möglichkeiten seiner Vermittlung sollte der Kindergarten ihnen bieten: Hier sollten sie die intellektuelle Aufgabe der Mutterschaft und ihre politische Bedeutung erfassen. Die achte, feministische, Antwort auf die soziale Frage hieß deshalb Verberuflichung mütterlicher Erziehungsarbeit im Volkskindergarten, um die Verwahrlosung von Kindern zu verhüten.

Eine Generation später, um 1900 wurde aus der „geistigen Mütterlichkeit" dann die „soziale Mission der Frau" (vgl. Salomon 1927), die noch einen Schritt weiter ging und die Überwindung der Aufspaltung in private, verantwortliche Fürsorglichkeit und öffentliche „unverantwortliche" Macht forderte. Die Antwort, welche die erste deutsche Frauenbewegung auf die Herausforderung der sozialen Frage gab, war die Forderung nach einer Wirkung mütterlicher Verantwortungsmoral und fürsorglicher Tätigkeit in die Gesellschaft hinein, um damit schrittweise die sozialen Ungerechtigkeiten des ökonomischen und politischen Systems auszugleichen.

2.1.9 Sozialhygiene und der Gedanke der Vorbeugung: eine medizinische Antwort

Die Medizin hatte im 19. Jahrhundert beachtliche Fortschritte auf dem Gebiet der Bekämpfung und Prävention von vorher tödlich oder schwer verlaufenden Krankheiten gemacht. Der Zusammenhang zwischen hygienischer Behandlung von Wunden und Heilungserfolgen war erkannt worden und wurde nun zum Paradigma auch für andere Probleme. Wenn Krankheiten so erfolgreich verhütet werden konnten, warum sollte dieses mit sozialen Problemen nicht auch gehen? Schließlich lag in einigen Fällen, v.a. bei der Tuberkulose, der Zusammenhang zwischen falschem Umgang mit der Krankheit und Ausbreitung derselben auf der Hand. Auch konnten bei einigen Krankheiten familiäre Häufungen festgestellt werden, die eine Vererbbarkeit nahelegten (was sich nach 1945 in vielen Fällen als falsche Annahme herausstellte, z.B. im Bereich der „Erbsäufer").

Unter Sozialhygiene und Gesundheitsfürsorge verstanden Mediziner daher die Aufklärung über und begleitende Beratung und Pflege bei epidemieartigen Erkrankungen.

Eine neunte Antwort (deren sozialrassistische Ausdeutung im Nationalsozialismus erfolgte) war daher die *medizinische Lösung sozialer Probleme durch Prävention.*

2.2 Entstehung und Ausdifferenzierung von Institutionen und Handlungsfeldern der Sozialen Arbeit

Bis heute findet ein Großteil sozialpädagogischer Tätigkeiten in Institutionen statt. Deren Handlungsrationalitäten sind oftmals eher historisch als logisch zu erklären. Zu diesen Rationalitäten, die sich im 19. Jahrhundert herausbildeten, gehörten die Tendenz zur Spezialisierung und die Gleichzeitigkeit von widersprüchlichen Aufträgen.

Die Klöster des Mittelalters sowie die Armen- und Zuchthäuser der Neuzeit hatten ihre Bewohner bzw. Insassen noch kaum nach Alter oder Art der Bedürftigkeit differenziert. Die Moderne dagegen zeichnet sich durch die Tendenz aus, die „Insassen" zu differenzieren: sie schuf das Gefängnis, die Psychiatrie, die Behinderteneinrichtungen für Blinde, Taubstumme u.a., daneben Erziehungsanstalten für Kinder und Jugendliche, die wiederum nach Geschlecht, Alter und Grad der Verwahrlosung unterschieden.

Auf diese Weise entstanden sowohl immer speziellere Einrichtungen als auch eine weitere Differenzierung innerhalb der Institutionen in „leichte" und „schwere" Fälle. Von Anfang an hatten Institutionen sozialer Hilfe mehr oder weniger widersprüchliche Aufträge wie

- Strafe und Besserung (Erziehungsanstalten, Arbeitshäuser),
- Forschung und Heilung (Heilanstalten für „Irre" und „Idioten"´),
- Anpassung und Förderung individueller Entwicklung (Armenkommissionen),
- Aufbewahrung und Bildung (Kinderbewahranstalten, Kindergärten).

Zusammengefasst waren es Aufträge der Hilfe und Kontrolle, die bis heute diese Handlungsfelder prägen. Im Folgenden sollen die Entstehungsgeschichten verschiedener sozialer Institutionen – soweit möglich in chronologischer Abfolge – beschrieben werden.

2.2.1 Kinderbewahranstalt und Kindergarten

Zu den Widersprüchlichkeiten in der Entwicklung der Institutionen der Erziehung in der frühen Kindheit gehört es, dass durch diese einerseits ein Betreuungsproblem gelöst werden sollte, für das es angeblich nur in den unteren Schichten Bedarf gab (als „Notlösung“ für arbeitende Mütter), andererseits aber schon in der Kindergartenbewegung auch Ansprüche an frühkindliche Bildung formuliert wurden.

So entstand die erste deutsche „Aufbewahrungsanstalt“ für Kinder 1802 auf private Initiative hin, nachdem Pauline zu Lippe-Detmold bei einem Besuch in Frankreich eine ähnliche Einrichtung besichtigt und nachahmenswert gefunden hatte. In verschiedenen deutschen Gebieten entstanden daraufhin ähnliche „Warteschulen“ und Kinderbewahranstalten, die für die Kinder der Arbeiterklasse gedacht waren, deren Eltern arbeiten mussten. Die Einrichtungen dienten mehr – wie der Name schon sagte – der Beaufsichtigung und Gewöhnung an Arbeit (Stricken) als der Erziehung und Bildung. Die Kinder wurden hier schon im ersten Lebensjahr aufgenommen (Erning 1987).

Mit dem Schwerpunkt religiöser Bildung begann Theodor Fliedner 1836 in der Kaiserswerther Diakonissenanstalt auch Kleinkindlehrerinnen auszubilden. Gegen Ende des 19. Jahrhunderts gab es etwa 2000 von Diakonissen geführte Kleinkinderschulen und -bewahranstalten (Grossmann 1987, S. 20 f.).

Die Kleinkinderschule und besonders der *Kindergarten* wurde v.a. von bürgerlichen Kindern besucht, die dort ab dem vierten Lebensjahr besonders gefördert werden sollten. Friedrich Fröbel (1782-1852) entwickelte ein erstes didaktisches Konzept für den Kindergarten, das dazu diente, die Bildungsfähigkeit des Kleinkindes in sprachlicher, mathematischer und naturwissenschaftlicher Hinsicht durch besonderes Material zu fördern. Die starke Ausbreitung des „Kindergartens“ ist nicht ohne die pädagogischen Vorstellungen des Begründers dieser Idee zu verstehen. Fröbels Menschenbild war der Aufklärung verpflichtet, indem er voraussetzte, dass jeder Mensch grundsätzlich einen freien Willen hat und einsichtsfähig ist. Die Erziehung des Menschen dient dem Zweck, ihn zu einem „sphärischen“ Bewusstsein zu führen, das heißt zur Einsicht, dass die Natur gottgeschaffen und zielgerichtet ist, was v.a. durch das Studium von Kristallen oder Pflanzen gelingen kann. Fröbel war überzeugt, dass das Kind sich selbsttätig entfaltet, wie die Natur es angelegt hat. Der Mensch entwickelt sich in sechs Phasen vom Säugling zum Greis in aktivem Austausch mit der Schöpfung. Die spezifisch kindliche Aneignungstätigkeit ist nach

Fröbel das Spiel, die „freitätige Darstellung des Inneren, die Darstellung des Inneren aus Notwendigkeit und Bedürfnis des Inneren selbst." (Fröbel [1826] 1977, S. 36) Um diese Spieltätigkeit zu unterstützen, sollen die Erzieherinnen bestimmte „Spielgaben" anbieten, zunächst den Ball, da er die perfekteste Form der Schöpfung darstellt, später Würfel und Zylinder. Daneben sollen Reime, Lieder und Kreisspiele die sprachliche und motorische Entwicklung fördern.

Der Kindergarten, wie ihn auch die sich auf Fröbel beziehende „Kindergartenbewegung" vertrat, sollte – daher der Name – auch einen Garten besitzen, indem sich die Kinder u.a. mit dem Wachstum der Pflanzen beschäftigen können. Das Leben im Kindergarten selbst sollte möglichst das Familienleben zuhause nachahmen. Daher waren nach Fröbel unverheiratete Frauen besonders geeignet, den Beruf der Kindergärtnerin auszuüben, da sie über die ihnen wesenseigene Mütterlichkeit verfügten. Allerdings sollten die Frauen zusätzlich eine spezielle Ausbildung erhalten, um in das Fröbelmaterial eingeführt zu werden.

Die Fröbel-Pädagogik wurde vor allem durch dessen Großnichte Henriette Schrader-Breymann verbreitet. Sie richtete zunächst im privaten Rahmen und ab 1874 im *Pestalozzi-Fröbelhaus* in Berlin eine sozialpädagogische Ausbildungsstätte für Kindergärtnerinnen ein. Diese von Lili Droescher fortgesetzte Ausbildungstätigkeit, deren praktischer Teil im eigenen „Volkskindergarten" erfolgte, war später auch der Ausgangspunkt für die Ausbildung der Wohlfahrtspflegerinnen in Alice Salomons sozialer Frauenschule.

Bis heute ist der Kindergartenbereich in Deutschland durch die historische Entstehung als Ort „geistiger Mütterlichkeit" und durch die Verbindung von „Bewahranstalt" und familienähnlicher Bildungseinrichtung geprägt. Daher ist er – anders als in vielen Ländern Europas – kein Teil des Schul- und Bildungssystems, sondern der Jugendhilfe geworden, die wiederum Teil des Sozialsystems ist.

2.2.2 Armenkommission

Aus der neuzeitlichen Idee, „würdige Hausarme" durch Ratsherren besuchen zu lassen, entwickelten sich im Industriezeitalter die Armenkommissionen. Beispielhaft soll im Folgenden die Entwicklung der kommunalen Armenverwaltungen an der Entwicklung in Preußen dargestellt werden, da viele dieser Regelungen später in deutsche Reichsgesetze überführt wurden.

1808 wurden in der preußischen Städteordnung Armenkommissionen mit amtlichen und ehrenamtlichen Mitgliedern vorgeschrieben. Um die Mitte des Jahrhunderts besaß Berlin bereits 109 dieser Armenkommissionen, die jeweils für einen Stadtteil zuständig waren und die sich regelmäßig zu Konferenzen trafen. Die Armenkommissionen führten Hausbesuche durch, um Arme zu beaufsichtigen und Bedarfe zu ermitteln. Sie vermittelten Kuren, Krankenhaus- und Waisenhausaufenthalte, freie Begräbnisse, Schuldenerlasse oder Nahrungsmittel (Wendt 1995, S. 129).

Die Struktur dieser Armenkommissionen reichte bald jedoch nicht mehr aus, um die Armut zu verwalten. Nicht zufällig entstand ein neues System dezentralisierter und individualisierender Armenpflege in Elberfeld bei Wuppertal. Dort, wie in vielen Städten des Ruhrgebiets, war es zu einem sprunghaften Anstieg der Bewohnerzahlen im Zuge der Industrialisierung gekommen. Das *Elberfelder System* unterteilte nun die Stadt in 252 Quartiere, in denen jeweils ein dort wohnender „ehrenamtlicher" Pfleger (alle stimmberechtigten Bürger konnten verpflichtet werden) bis zu vier Familien oder Alleinstehende betreuen sollte. Die Quartiere waren jeweils Bezirken zugeordnet, die einem hauptamtlichen Armenvorsteher unterstanden, der vierzehntägig die Pfleger versammelte, um über die Unterstützungsleistungen zu beraten.

Dieses System war zunächst sehr effizient und kostensparend (durch Einsatz Ehrenamtlicher und durch genaue Überprüfung der Bedürftigkeit), geriet aber gegen Ende des Jahrhunderts in die Krise, da es in vielen Wohnvierteln (besonders in den Elendsvierteln, wo sie nötig gewesen wären) keine entsprechend befähigten Ehrenamtlichen mehr zu geben schien. Daher löste ein anderes in Straßburg übliches das Elberfelder System bald ab. Wichtigster Unterschied im *Straßburger System* war die Einführung von Berufsbeamten. Ehrenamtliche durften zwar bei Bedarf und Eignung weiter den „Außendienst" übernehmen, die Entscheidung lag aber nun allein bei den Beamten im „Innendienst", denn an diese musste sich der Hilfesuchende zuerst wenden.

Auf dem Hintergrund der abnehmenden Bereitschaft ehrenamtlicher Arbeit durch Männer ist auch das zunehmende Interesse der Behörden an der *Armenpflege durch Frauen* zu verstehen. Nichtsdestotrotz mussten Frauen dieses Recht auf ehrenamtliche Arbeit erst noch erkämpfen, da viele männliche Armenpfleger dagegen waren. Sie befürchteten, Frauen seien zu unerfahren und zu zart für diese Arbeit. Auch seien die Versammlungsorte der Armenpfleger (Bierlokale) für Frauen ungeeignet und sie störten die „Gemütlichkeit des Zusammenseins" (Salomon 1983, S. 54).

Noch 1896 drohten 3000 Armenpfleger in Berlin, ihr Amt niederzulegen, wenn Frauen zugelassen würden. Aber der Zug der Zeit war nicht aufzuhalten. 1902 wurden in Berlin erstmals Frauen als Armenpflegerinnen zugelassen und bald folgten andere Städte diesem Beispiel, v.a. weil in der Sozialverwaltung männliche Ehrenamtliche fehlten und Frauen oft besser qualifiziert waren.

2.2.3 Private Armenpflegevereine

Neben den Armenkommissionen waren im 19. Jahrhundert viele private Armenpflegevereine aktiv, die vor allem von Frauen getragen wurden. Beispielhaft soll hier der 1832 von *Amalie Sieveking* (1794-1859) in Hamburg gegründete „Weibliche Verein für Armen- und Krankenpflege" stehen, der um 1850 bereits achtzig Mitarbeiterinnen hatte. Diese Mitarbeiterinnen besuchten Arme und Kranke zuhause, um Spenden oder Pflege zu vermitteln. Als Tochter eines Kaufmannes und Senators, beeinflusst von der evangelischen Erweckungsbewegung war Sieveking nach den napoleonischen Kriegen im „Vaterländischen Frauenverein" und einem Lesekreis für Mädchen aktiv gewesen, als die Choleraepidemie in Hamburg sie zur Gründung des Armenpflegevereins veranlasste. Sieveking sah das Grundübel der Armut in dem „ungleichen Verhältnis von Arbeitslohn und Unterhaltskosten und in dem Mangel an Arbeitsgelegenheit" (Jahresbericht 1847/48, zit. n. Salomon 1936, S. 123).

Den Vorteil der privaten Armenpflege gegenüber der öffentlichen sah Sieveking darin, dass die öffentliche nur auf gesetzlicher Grundlage handeln könne und daher generalisiere, wo die Hilfe an individuelle Nöte angepasst werden müsse. Auch reagiere die staatliche erst, wenn eine Notlage bereits eingetreten sei, während die private auch präventiv arbeiten könne.

2.2.4 Irrenanstalt

Psychisch kranke Menschen hielt man vor der Aufklärung vielfach für Besessene - von Gott oder vom Teufel getriebene Seelen. Die aufgeklärte Moderne begann, sich nun wissenschaftlich für die Geisteskrankheiten zu interessieren, und so entstand die Psychiatrie als eine medizinische Forschungsrichtung und als Krankenhaus.

Klaus Dörner hat in seinem Buch „Bürger und Irre“ (Dörner 1969) darauf hingewiesen, dass zeitgleich in der bürgerlichen Gesellschaft die Toleranz gegenüber dem „Unnormalen“ schwand. Gleichsam um Vernunft in einer aufgeklärten Gesellschaft *herzustellen* (und zu demonstrieren), musste die *Unvernunft*, also das Verrückte, ausgegrenzt und an spezielle Einrichtungen zur Behandlung delegiert werden. Für die „Verrückten“ hatte dieser Prozess ambivalente Folgen. Einerseits konnte einigen durch neuere Erkenntnisse der Medizin geholfen werden, andererseits wurden viele, die durchaus eigenständig hätten leben können, hospitalisiert.

Einerseits forderten fortschrittliche Mediziner wie Johann Christian Reil (1759-1813) oder später Wilhelm Griesinger (1817-1868) bereits „psychische Kuren“ und ein Ende der Zwangsunterbringung in kasernenartigen Anstalten, andererseits war die Praxis der „Irrenanstalten“ im ganzen 19. Jahrhundert durch körperliche Züchtigung und „Erziehung“ zum Gehorsam geprägt. Die *„Behandlung“* der *„Geisteskrankten“* bediente sich dabei höchst fragwürdiger Methoden (Ruten- und Stockhiebe, Sturzbäder mit kaltem Wasser, Zwangstehen, Drehstühle etc.), deren medizinischer Nutzen fragwürdig war und die eher als körperliche Strafen für abweichendes Verhalten interpretiert werden können.

Auch warfen sozialrassistische Deutungen im 19. Jahrhundert ihre Schatten bereits voraus und entwürdigten die Psychiatriepatienten als Forschungsobjekte eines ehrgeizigen medizinischen Projektes, das die Abschaffung von Leiden und Behinderung notfalls durch „Ausmerzung“ der Behinderten selbst erreichen wollte (vgl. Ploetz 1895).

Soziale Arbeit fand innerhalb oder nachbetreuend in diesen Institutionen erst in der zweiten Hälfte des 20. Jahrhunderts ihren Platz, als das medizinische Deutungsmuster im Rahmen der Sozialpsychiatrie langsam an Bedeutung verlor. Heute ist diese Entwicklung wieder rückläufig.

Auffälliges Verhalten von Jugendlichen wurde gegen Ende des 19. Jahrhunderts im Rahmen der an Bedeutung gewinnenden Psychiatrie innerhalb der Jugendfürsorge ebenfalls zunehmend als pathologisch verursacht definiert.

2.2.5 „Idiotenanstalt"

Im „Tollhaus" oder „Narrenturm" waren geistig Behinderte und psychisch Kranke oft noch zusammen eingesperrt. Aber im Gegensatz zu den psychisch Kranken interessierte sich die Medizin für die geistig Behinderten weniger und so trennten sich die Wege (wenn es auch lange in manchen Psychiatrien noch geistig Behinderte gab).

Viele der „Idiotenanstalten" wurden nicht als Provinzialkrankenhäuser, sondern als kirchliche Pflegeeinrichtungen geführt: Hier schien es mehr um Betreuung zu gehen, denn um Heilung.

Die Gruppe der „Schwachsinnigen" und „Idioten" reduzierte sich zudem durch neue Förderungsmöglichkeiten für Behinderte. Für Taubstumme *(Gehörlose)* hatte der französische Geistliche Abbé Charles M. de l'Epée (1712-1789) bereits 1760 die erste Schule gegründet und dort eine Gebärdensprache für den Unterricht entwickelt.

Louis Braille (1809-1852) - selbst als 5-jähriger erblindet - entwickelte 1825 eine spezielle Schrift (Punktschrift) für *Blinde*, was ebenfalls die Bildungsfähigkeit der auf diese Weise behinderten Menschen erhöhte.

Übrig blieb die Gruppe der *„Schwachsinnigen"*, denen aber ebenfalls eine - wenn auch geringfügige - Bildungsfähigkeit zugestanden wurde und für die spezielle „Idiotenanstalten" gegründet wurden (vgl. dazu die Geschichte am Beispiel der Anstalt Kalmenhof in: Schrapper/Sengling 1988).

2.2.6 Trinkerasyle und „Mäßigkeitsvereine"

Der regelmäßige Konsum von Bier und Schnaps galt im 19. Jahrhundert und davor in der arbeitenden Bevölkerung weitgehend als normal. Die Möglichkeiten, Alkohol im Übermaß zu trinken, waren aus finanziellen, wie aus Gründen der Verfügbarkeit, beschränkt. Dies änderte sich mit der Erfindung und Verbreitung von kostengünstigem, hochprozentigem Alkohol. Eine erste epidemische Ausbreitung des

Alkoholkonsums wird aus dem 18. Jahrhundert aus London berichtet, wo ein massenhafter Konsum von Gin zu einem Ansteigen der Kriminalität, vor allem aber zu einer hohen Säuglings- und Kindersterblichkeit führte. In Deutschland führte die Industrialisierung im 19. Jahrhundert einerseits dazu, dass industriell hergestellter Branntwein („Kartoffelschnaps") billig wurde, andererseits trieben die belastenden Arbeitsbedingungen in den Fabriken viele Arbeiter dazu, sich mit Branntwein zu betäuben. Zwischen 1820 und 1840 verfünffachte sich der Verbrauch dieses Getränkes. Gegen die „Branntweinpest" bildeten sich zu dieser Zeit erste „Mäßigkeitsvereine". Insbesondere die „innere Mission" engagierte sich gegen die „Trunksucht", die noch nicht als Krankheit anerkannt wurde. 1851 wurde das erste deutsche Trinkerasyl gegründet, es folgten spezielle Trinkerheilanstalten, von denen es 1914 bereits über 50 gab, einige wenige davon für Frauen (z.B. im Frauenheim Himmelsthür bei Hildesheim).

1883 wurde ein überkonfessioneller Verein gegründet, der „Deutsche Verein gegen den Missbrauch geistiger Getränke", der Aufklärungsarbeit betrieb und für alkoholfreie Gaststätten warb. Er trat im Gegensatz zu dem katholischen „Kreuzbündnis" und dem evangelischen „Blauen Kreuz" aber nicht für Abstinenz, sondern für „Mäßigung" ein.

Das „Blaue Kreuz" engagierte sich vor allem in der praktischen „Trinkerrettungsarbeit" in Vereinen vor Ort, oft in Zusammenarbeit mit dem örtlichen Pfarrer und „geretteten Trinkern". Aus diesen Vereinen gingen „Trinkerfürsorgestellen" hervor, die Sprechstunden für Auskunft und Beratung anboten sowie Angehörige unterstützten (vgl. Martius 1884). Auch der Staat organisierte bereits vor dem 1. Weltkrieg eine Trinkerfürsorge mit ambulanten und stationären Angeboten. Eine finanzielle Beteiligung von Landesversicherungsanstalten, Krankenkassen oder Wohlfahrtsämtern an den Pflegekosten in den Trinkerheilanstalten setzte sich jedoch erst im 20. Jh. durch – allerdings auch nur bei Aussicht auf Erfolg.

In schweren Fällen von Trunksucht drohten die Trinkerfürsorgestellen damit, die Suchtabhängigen auf eine behördliche „Trinkerliste" zu setzen. Insgesamt gab es bereits im 19. Jahrhundert Suchtabhängige in allen Schichten, im gehobenen Bürgertum auch „Morphinisten".

Allerdings wurde Alkoholabhängigkeit vor allem als Problem der Unterschicht gesehen, da hier die sozialen Folgeprobleme offensichtlicher waren. Die NS-Zeit verschärfte später die Unterscheidung in heilbare und unheilbare „schwere Trinker", die als „Erbsäufer" galten und zwangssterilisiert und zwangsweise interniert werden konnten (vgl. Hauschildt 1995).

2.2.7 Gefängnis

Schon in der Neuzeit hatte der Prozess begonnen, straffällig gewordene Menschen nicht mehr körperlich (Rädern, Enthaupten, Verstümmeln), sondern durch Freiheitsentzug zu bestrafen. Dies war der Beginn einer Entwicklung zum Konzept der *Besserung* und Erziehung (durch Arbeit und religiöse Unterweisung) von Straftätern.

Der französische Philosoph Michel Foucault wies in seiner Studie über die „Geburt" des Gefängnisses darauf hin, dass diese Entwicklung nicht nur als Prozess der Humanisierung gesehen werden kann, sondern als Wechsel der Art der Machtausübung der Herrschenden durch *Strafe*, die sich fortan nicht mehr an den Körper, sondern an die Psyche des Menschen richtete (Foucault 1977). Die negativen, psychischen und sozialen Folgen von Freiheitsstrafen sind tatsächlich bis heute ein zentrales Problem, mit dem sich Soziale Arbeit im Rahmen von Bewährungshilfe oder im Sozialen Dienst von Strafvollzugsanstalten konfrontiert sieht.

Die Aufgabe der Zuchthäuser bestand allerdings noch bis ins 19. Jahrhundert hinein nicht nur darin, Straftaten zu ahnden, sondern auch darin, Bettler und Landstreicher, Alkoholiker, Ehebrecher, Prostituierte oder psychisch Kranke einzusperren und einer zwangsweisen Arbeit zuzuführen.

Erst im Gefolge der französischen Revolution und der Aufnahme des französischen ins deutsche Recht wurden Straftatbestände, wie auch die Rechte von Straffälligen, genauer formuliert (vgl. Preußisches Strafgesetzbuch 1851). Das Gefängnis wurde nun vom Zuchthaus und von der Besserungsanstalt abgegrenzt: mit Gefängnisaufenthalt wurden „Vergehen" bestraft, mit Zuchthaus „Verbrechen".

Erste Ansätze Sozialer Arbeit im und nach dem Strafvollzug gab es im Rahmen von Gefängnisreformbewegungen, wie sie von Heinrich

Balthasar Wagnitz, Prediger im Zuchthaus Halle, oder von Heinrich Wichern im Hamburg betrieben wurden, der sich für die Betreuung Strafentlassener einsetzten.

2.2.8 Arbeitshäuser

In der Traditionslinie der absolutistischen Zucht- und Arbeitsanstalten standen die Arbeitshäuser der Länder und Provinzen in Deutschland. Wer als „asozial" galt oder ohne Wohnsitz war, wurde nicht durch die kommunalen Armenkommissionen unterstützt, sondern ins Arbeitshaus eingewiesen. Neben wohnungslosen „Landstreichern", die auch „Korrigenden", später „Nichtsesshafte" genannt wurden, waren dort auch bettelnde oder „arbeitsscheue" Menschen sowie Prostituierte untergebracht, um sie zur Arbeit und zu einem gesetzmäßigen Leben zu „erziehen". Da Bettelei, Landstreicherei und Gewerbsunzucht einen Straftatbestand darstellte, konnte man dafür auch ins Gefängnis kommen und danach einem Arbeitshaus überwiesen werden. Abgeschafft wurden Arbeitshäuser in Deutschland erst 1969 (vgl. Ayaß 1992, Lutz 2005)

2.2.9 Erziehungsanstalt

Waren in den Zucht- und Arbeitshäusern noch Kinder und Jugendliche mit untergebracht, so begann Mitte des 19. Jahrhunderts eine Debatte darüber, ob denn Minderjährige überhaupt schon eine genaue Einsicht in die Folgen ihrer Taten haben könnten und ob nicht darüber hinaus die gemeinsame Unterbringung mit kriminellen Erwachsenen eine negative erzieherische Wirkung haben könnte. Daher wurde ein gesondertes Jugendstrafrecht geschaffen. Es regelte die Strafmündigkeit ab 12 Jahren und ab 1851 wurden Sonderbestimmungen für 12- bis 18-Jährige eingeführt. Statt in Gefängnissen wollten die Justizbehörden die Kinder und Jugendlichen nun lieber in Erziehungsanstalten unterbringen.

Erziehungsanstalten entstanden als evangelische und katholische Rettungshäuser, in die ab Mitte des 19. Jahrhunderts zunehmend auch der Staat (Provinzialregierung) Kinder einwies. Bis 1848 waren in Deutschland bereits über 400 dieser Einrichtungen auf evangelischer Seite entstanden, getragen vorwiegend von Vereinen, die zur Erweckungsbewegung gehörten. Die Häuser sollten der Mission dienen oder, wie es der Pfarrer Johann Volkening aus Westfalen ausdrückte: sie sollten bewirken, dass „Gottes Gnadenhammer" an die „kalten, harten Kinderherzen" schlägt (zit.n. Kuhlmann 1985, S. 80 f.).

Die „innerlich verkommenen" Kinder, die von Eltern zum Betteln und Stehlen angehalten wurden, die nur selten in die Schule und nie in die Kirche gingen (so Pastor Schmalenbach 1873, zit. n. ebd.), sollten dem schädlichen Einfluss der Eltern oder der Straße entzogen werden, darin waren sich Kirche und Staat einig. Daher wurde die staatlich angeordnete Unterbringung ab 1878 durch das *Zwangserziehungsgesetz* geregelt. Zumindest bei Vorliegen einer Straftat konnten Minderjährige nun bis zur Volljährigkeit auch in einer Erziehungsanstalt (statt im Gefängnis) untergebracht werden. Die Erziehungsanstalten wurden von Pfarrern, Diakonen (z.B. aus Wicherns Brüderanstalt), Nonnen oder Mönchen (z.B. von speziellen Erziehungsorden wie den Salesianern) geleitet. Der Alltag war durch Schule, Arbeit und Gebet streng geregelt, um eine Erziehung zu Zucht und Ordnung, Gehorsam und Fleiß zu gewährleisten. Die Ausbildung der Jugendlichen erfolgte nach Konfessionen, Geschlecht und Altergruppen getrennt in der Haus- und Landwirtschaft sowie im Handwerk (vgl. Kuhlmann 1985).

Die pädagogische Beeinflussung in den Rettungshäusern richtete sich an der Idee einer „rettenden" Erziehung aus. Wichern zufolge bestand der Hauptzweck der Erziehung „verwahrloster" Kinder darin, sie aus der Sünde herauszuführen. Dies sollte einerseits durch Liebe, andererseits aber auch durch „Zucht" erfolgen. Strafe, auch Körperstrafe, war als Erziehungsmittel nicht nur erlaubt, sondern gefordert, wenn auch nicht in dem Ausmaß, in dem es in den staatlichen Besserungsanstalten praktiziert wurde.

2.2.10 Altersheim

Schon vor dem 19. Jahrhundert hatte es in vielen Städten Altenstifte gegeben, die teilweise noch bis ins 20. Jahrhundert hinein existierten. Allerdings stieg mit der Industrialisierung der Bedarf an Institutionen, die Alte und Pflegebedürftige versorgten, da viele Familien nicht nur die Kinder, sondern auch ihre alten Eltern nicht mehr betreuen und versorgen konnten. Auch in diesem Bereich waren zunächst die

Kirchen sehr aktiv und gründeten um 1900 eine Vielzahl von Altenpflegeeinrichtungen.

Allerdings haben sich erst spät neben den pflegerischen auch sozialpädagogische Dienste in diesen Einrichtungen etablieren können.

Fazit

Am Ende des 19. Jahrhunderts hatte sich Soziale Arbeit aus verschiedenen Initiativen und Institutionen heraus zu einem Handlungsfeld entwickelt, das sowohl Hilfs- wie Kontrolltätigkeiten vereinte. In der staatlich finanzierten Armenpflege stand dabei meistens der Disziplinierungsaspekt stärker im Vordergrund, während die vielfältigen sozialen Bewegungen (Sozialreform-, Frauen-, Arbeiter-, Jugendbewegung) mit ihren privaten Hilfs- und Unterstützungsvereinen eher auf der Ebene der konkreten Hilfeleistung ansetzten bzw. sozialpolitische Aktivitäten entfalteten. In der Weimarer Republik wird sich schließlich die spezifische Kooperation der öffentlichen und privaten Wohlfahrtspflege institutionalisieren, insbesondere in Form der Verankerung des Subsidiaritätsprinzips im Reichsjugendwohlfahrtsgesetz von 1922/24, die zu einer zunehmenden Abhängigkeit der „freien Träger" vom staatlichen Disziplinierungsanspruch führte.

Quellentipp und Vorschlag zur Diskussion:

Viele der oben beschriebenen Institutionen gibt es bis heute. Es lohnt sich, einmal die konkrete Geschichte einer kommunalen oder kirchlichen Institution herauszusuchen. Es finden sich solche Beschreibungen im internet, z.B. die Geschichte des Münchener Waisenhauses oder der Hannoversch-Mündener Kleinkinderbewahranstalt) und diese mit dem oben Dargestellten zu vergleichen.

In theoretischer Hinsicht können die im Kapitel 2.1. vorgestellten

Antworten auf die soziale Frage mit den Argumenten in der heutigen öffentlichen Debatte um Sozialpolitik und Sozialhilfe sowie auch untereinander noch einmal vertiefend verglichen werden, z.B. das Kommunistische Manifest (Marx/Engels [1848] 2005, S. 19-33/56) und die Denkschrift Wicherns (Wichern 1962, S. 179-197/366). Hier lassen sich deutlich Unterschiede in der Beurteilung von Not, Auflösung der Familien und deren Ursachen sowie unterschiedlicher Handlungsstrategien zur Überwindung der Not erkennen.

Möglich ist auch ein zusätzlicher Vergleich mit Malthus (1826, in 1879, S. 642-650/665), der wiederum eine Vergleichsgrundlage für die nationalsozialistische Bevölkerungspolitik bilden kann. Die Argumente von Schrader-Breymann (Schrader-Breymann [1868] 1962, S. 8-18) lassen sich mit Argumenten unter Kapitel 3.4.3 und 6.1.2. vergleichen.

3. Von den sozialen Reformen zum Weimarer Wohlfahrtsstaat (1890-1933)

3.1 Sozialreform und sozialer Beruf

3.1.1 Sozialversicherung und Arbeitsschutzgesetze

Nach der Gründung des Deutschen Reiches 1871 waren verschiedene Sozialversicherungsgesetze verabschiedet worden, die einen – auch international beachteten – Meilenstein in der Entwicklung der Sozialen Arbeit darstellten. 1883 war die *Kranken-*, ein Jahr später die *Unfall-* und 1889 schließlich die *Invaliditäts- und Altersversicherung* eingeführt worden. Damit waren erstmals auch die Arbeitgeber verpflichtet, einen Beitrag zur Lösung der sozialen Frage zu leisten, denn sie wurden zur Hälfte der Beitragszahlungen (bei der Unfallversicherung sogar ganz) verpflichtet. Dieses bis heute im Wesentlichen geltende System entlastete die Armenpflege nach und nach von den Fällen, in denen zuvor Alter, Krankheit oder Invalidität eine große Rolle gespielt hatten. Übrig blieben zunächst eine Vielzahl von Witwen und „eheverlassenen" Frauen, denen mit dieser – am arbeitenden Ehemann orientierten – Lösung nicht geholfen war.

Vervollständigt wurde das System der Sozialversicherungen später durch die Aufnahme von Angestellten (1911), die Witwen- und Waisenversicherung (1911), die Arbeitslosenversicherung (1927) und durch die Pflegeversicherung (1994).

Der erste Reichskanzler, Otto von Bismarck (1815-1898), hatte die Forderungen nach Sozialversicherungsgesetzen aufgenommen und für die Interessen eines starken Nationalstaates genutzt. Sein Konzept war dabei ein durchaus konservatives: er übertrug die im feudalen Milieu der „Gutsherren" übliche patriarchalische Fürsorge für Alte und Kranke lediglich auf die kapitalistische Produktionsweise. Dies erfolgte zudem im Zusammenhang mit dem Verbot der 1875 gegründeten Sozialistischen Arbeiterpartei, deren wachsender Einfluss auf die Arbeiterschaft von der Regierung gefürchtet wurde. Daher war die Einführung der Sozialversicherung vor allem der Versuch, die sozialen Ursachen für die politische Radikalisierung der arbeitenden Schichten gering zu halten.

Ein weiterer Baustein auf diesem Weg fort vom „Nachtwächterstaat" war eine Vielzahl von *Arbeiterschutzgesetzen:* die Einführung der Fabrikinspektion und erste Mutterschutzbestimmungen 1878, dann 1904 Verbot von Kinderarbeit in Handwerk, Handel und Lastdienst, 1908 das Mutterschutzgesetz (Fortzahlung des Lohnes im Mutterschutzurlaub) und schließlich 1910 die lang erkämpfte Einführung des Zehnstundentages für Frauen.

Diese Gesetzgebung war ebenfalls dem wachsenden Einfluss der sozialistischen und der feministischen Bewegung geschuldet. Bereits 1893 waren die Sozialdemokraten (seit 1890 wieder erlaubt) im Reichstag stärkste Partei geworden und bauten ihren Stimmenanteil in den folgenden Jahren von 23 % auf 35 % (1912) aus. Tatsächlichen Einfluss auf die Politik im Reichstag konnten sie – da die konservativen Parteien die Mehrheit hatten – zwar nicht nehmen, sie hatten jedoch ein Forum, um ihre politischen Forderungen nachdrücklicher als bisher zu vertreten. Die soziale Frage, die um 1850 nur wenige beschäftigt hatte, war nun von der politischen Tagesordnung nicht mehr zu verbannen.

Zur selben Zeit waren politisch einflussreiche Vereine entstanden, die sich mit sozialen Problemen auseinandersetzten. 1880 schlossen sich die Vertreter der öffentlichen (und später auch privaten) Armenpflege zum *„Deutschen Verein für Armenpflege“* (später: „... und Wohlthätigkeit“) zusammen, dem (ab 1919 so genannten) „Deutschen Verein für öffentliche und private Fürsorge“ (Ortthband 1980). 1890 wurde der „Evangelisch-soziale Kongress“ und der „Volksverein für das katholische Deutschland“ gegründet, 1901 schließlich die „Gesellschaft für soziale Reform“.

Um die Kenntnisse über Arbeitsschutzgesetze wie auch die Inanspruchnahme von Renten- bzw. Krankengeld zu sichern, brauchte es nun zunehmend Fachleute, die um die Jahrhundertwende vor allem unter den gebildeten Frauen gefunden wurden. Daher entstand neben den Berufen der „geistigen Mütterlichkeit“ (öffentliche Erziehung) nun der bürgerliche soziale Frauenberuf, der mit der gesellschaftlichen Utopie einer „soziale Mission der Frau“ verknüpft wurde.

3.1.2 Professionalisierung Sozialer Arbeit

So wie die Sozialversicherungen nicht ohne den Druck der Arbeiterbewegung entstanden wären, so wäre der soziale Beruf nicht ohne das Engagement die Frauenbewegung zwischen 1890 und 1918 möglich gewesen. Aus der feministischen Kritik heraus, dass der „Männerstaat“ sich zu wenig um die Schwächeren der Gesellschaft kümmere, Militär und Wirtschaft wichtiger nehme, als Wohlfahrtspflege und Bildung, engagierten sich viele Frauen, die sich seit 1890 im Bund deutscher Frauenvereine zusammengeschlossen hatten, im sozialen Bereich. Zu ihnen gehörte auch Alice Salomon (1872-1948), die in den Berliner *„Mädchen- und Frauengruppen für soziale Hilfsarbeit“* mitarbeitete und sie später leitete.

Die von diesen Gruppen seit 1893 angebotene Veranstaltungsreihe über soziale Hilfsarbeit wurde 1899 zu einem Jahreskurs erweitert. Die „Gruppen“ waren damit die ersten in Europa (neben einer zeitgleichen Schulgründung in Amsterdam), die mit einer berufsmäßigen, nicht konfessionell gebundenen Ausbildung begannen.

Der *Lehrplan* der Jahreskurse nahm in den folgenden Jahren an Umfang zu und führte Veranstaltungen zu Armenpflege, Sozialpolitik, Sozialer Pädagogik, Versicherungsgesetzgebung, Privat- und Strafrecht durch, daneben auch Kurse zur Blindenschrift oder Krankenpflege. Die Nachfrage nach diesen Ausbildungskursen stieg immens an, auch deshalb, weil immer mehr private Wohltätigkeitsvereine nach solcherart vorgebildeten Frauen verlangten. 1908 schließlich gründete Alice Salomon auf dem Gelände des Pestalozzi-Fröbelhauses eine reguläre soziale Frauenschule, die eine zweijährige Ausbildung in Sozialer Arbeit anbot. Das Pestalozzi-Fröbelhaus sollte dabei die praktische Anleitung in pädagogischer Arbeit, z.T. auch in hauswirtschaftlichen Fertigkeiten leisten, die „Gruppen" ihre Erfahrungen mit theoretischen sozialwissenschaftlichen Kursen und Vermittlungen von Praktika in Wohlfahrtsinstitutionen einbringen (vgl. Kuhlmann 2000, S. 104 ff.).

Die Orientierung des neu entstehenden sozialen Berufes am „weiblichen" familiären Tätigkeitsprofil war dabei kein Zufall. Einerseits sollte damit die Ausbildung auch für zukünftige Hausfrauen und Mütter nicht „umsonst" sein, andererseits wollten die Befürworterinnen der „sozialen Mission" der Frau bzw. der „weiblichen Kulturleistung" gerade diese empathischen und fürsorglichen Fähigkeiten durch die soziale Arbeit in den öffentlichen Raum einbringen, um die schädlichen Folgen der bisherigen „reinen Männerpolitik" aufzufangen.

Die um die Jahrhundertwende entstehenden bzw. sich weiterentwickelnden öffentlichen „Mütterberufe" wie Kindergärtnerin, Lehrerin, Fürsorgerin oder Jugendleiterin nutzten dabei die „Eigenschaften", die in dem familiären Milieu, in dem Frauen aufwuchsen und festgehalten wurden, bereits entstanden waren.

Die Berufstätigkeit von Frauen wurde damit jedoch gleichzeitig auf die Berufe beschränkt, die ihrerseits wieder gesellschaftlich abgewertet wurden. Diesen Prozess haben die gebildeten Frauen Anfang des 20. Jahrhunderts zwar nicht voraussehen können, von heute aus betrachtet, stellt dies allerdings ein Problem dar. Denn Mütterarbeit wurde durch die Berufe der Kindergärtnerin bis zur Sozialarbeiterin damit zwar in Ansätzen vergesellschaftet (also auch öffentlich sichtbar gemacht), diese Tätigkeiten werden aber immer noch in unsicheren Arbeitsverhältnissen ausgeübt und/oder schlecht bezahlt, was mit der falschen Einschätzung einhergeht, es handele sich bei den Tätigkeiten mit Klientenkontakt bzw. Kinderbetreuung um die Anwendung mütterlicher Qualitäten, die keine besondere Ausbildung benötigten.

3.1.3 Verwahrlosung und Fürsorgeerziehung

Auch im Bereich der Jugendfürsorge kam es um die Jahrhundertwende zu umfangreichen Reformen. Mit der Einführung des Bürgerlichen Gesetzbuches (1900) wurde erstmals Frauen erlaubt, Vormundschaften über eigene, aber auch fremde Kinder zu führen. In der Folge entstanden viele weibliche Fürsorgevereine, die sich überweigend für Mädchen engagierten. Ebenfalls 1900 wurde die „Fürsorgeerziehung" eingeführt, die eine Unterbringung in einer Erziehungsanstalt beim Vorliegen einer (auch drohenden) Verwahrlosung ermöglichte. Aus der Tradition der Landarmenfürsorge lag die Verantwortung einschließlich der Finanzierung dieser Maßnahme in Preußen bei den Provinzialverbänden, also bei Landesbehörden. Aus den dort angesiedelten Fürsorgeerziehungsbehörden entstanden später die Landesjugendämter.

Durch die Fürsorgeerziehung war es im Unterschied zur Zwangserziehung nun möglich geworden, diejenigen Minderjährigen in geschlossenen Einrichtungen erziehen zu lassen, die nicht kriminell geworden waren, sondern sich lediglich in den Augen der Erwachsenen, also v.a. der Fürsorgerinnen und Vormundschaftsrichter, auffällig verhielten. In einem pädagogischen Handbuch von 1903 wird Verwahrlosung beschrieben als Folge „sündiger" Triebe, die sich in einem „Hang zum Stehlen und Lügen" zeigen konnte, aber auch in Eigenschaften wie *„Trotz"*, *„Eitelkeit"*, *„Hochmut"*, *„Trägheit"*, *„Egoismus"*, *„Rücksichtslosigkeit"* oder *„sexueller Erregbarkeit"* (Spitzner zum Stichwort „Verwahrlosung" in Rein 1903, S. 627).

Während die „objektive Verwahrlosung" die Umstände beschrieb, in denen ein Kind lebte (also bspw. auch Vernachlässigung), so wurde mit der „subjektiven Verwahrlosung" dem Kind selbst bereits ein unsittliches, wenn nicht bösartiges Verhalten (Prostitution, Vagabundieren oder Schuleschwänzen) bescheinigt, dessen Ursache in einem Mangel an disziplinierender Kontrolle gesehen wurde. Folgerichtig musste eine Pädagogik, die solchen Verhaltensauffälligkeiten begegnen wollte, besonders streng und einschränkend sein. Vorrangiges Erziehungsmittel war in den Fürsorgeerziehungsanstalten daher die Erziehung zur Arbeit durch Arbeit.

Die Maßnahme der Fürsorgeerziehung stand damit einerseits in der Tradition der Erziehung armer Kinder zur Arbeit und bürgerlichen Werten wie Fleiß, Ordnung oder sexuelle Enthaltsamkeit. Andererseits wurden nun nicht mehr nur Waisenkinder öffentlich versorgt, sondern auch Kinder, die zwar noch Eltern hatten, die durch diese aber objektiv „verwahrlosten". Erst durch die Reformbewegung der 1970er Jahre wird der Begriff der „Verwahrlosung" als stigmatisierend aus dem Jugendhilferecht herausgenommen. 1991 wird die Fürsorgeerziehung abgeschafft (mit dem Kinder-und Jugendhilfegesetz, KJHG) und durch die Erziehungshilfen, wie wir sie heute kennen, ersetzt.

3.2 Von der Armenpflege zur Fürsorge: Entwicklung im Ersten Weltkrieg

Als Deutschland 1914 den Ersten Weltkrieg auslöste (Fischer 1961), hatte das weitreichende Folgen für die Soziale Arbeit: einerseits griff der Staat nun in einem Maße in die Wirtschaft ein, wie es sich viele Sozialreformer gewünscht hatten (behördliche Lohnnormierungen, Verbesserung der Wöchnerinnenunterstützung, Einrichtung von Mieteinigungsämtern). Auch hatten viele Arbeiterfrauen, deren Männer als Soldaten Sold bezogen, mehr Geld als zuvor. Andererseits wurden Menschengruppen von der Fürsorge abhängig, denen der Krieg die Existenzgrundlage raubte: Schauspieler, bildende Künstler, Kleinunternehmer etc.

Als der Krieg nicht wie erwartet nach einem Jahr vorbei war (so war es 1870/71 gewesen) und sich die soziale Lage der Bevölkerung verschlechterte, schwand die anfängliche Kriegsbegeisterung der Deutschen. Die privaten Fürsorgevereine zogen sich mehr und mehr aus der Bildungs- und Reformarbeit zurück und organisierten stattdessen Volksküchen und betreuten Lazarette. Es differenzierten sich bereits bestehende Fürsorgezweige weiter aus (in Wohnungs-, Tuberkulose-, Jugend-, Gesundheits-, Wöchnerinnen-, oder Invalidenfürsorge) und gingen zunehmend von privater in öffentliche Verantwortung über.

Trotz der allgemeinen Mobilisierung der Menschen für die Kriegswohlfahrt ging es denjenigen Menschen, die traditionell den Kern der Wohlfahrtspflege ausgemacht hatten, schlechter als zuvor, vor allem durch die Verteuerung der Grundnahrungsmittel im Krieg und den Fortfall der Unterstützungsleistungen privater Wohlfahrtsvereine (Kuhlmann 2000, S. 136 ff.) Auch richtete sich die sog. Kriegsfürsorge nun vorwiegend an ein anderes, eher aus der Mittelschicht kommendes Klientel, da auch dieses plötzlich auf Unterstützungsleistungen angewiesen war. Der Erste Weltkrieg ist damit ein Beispiel dafür, dass sich in der Sozialen Arbeit durch äußere politische Einflüsse die Adressatengruppen ändern, wie das heute am Beispiel der Migration deutlich wird.

Neben der Verschlechterung der Lage der ursprünglichen Armutsbevölkerung hatte die Entwicklung aber einen positiven Nebeneffekt, denn die Fürsorge verlor – zumindest ansatzweise – den diskriminierenden Charakter der alten Armenpflege.

Für die Soziale Arbeit wirkte der Krieg darüber hinaus als Katalysator für die Entwicklung der eben erst entstandenen professionellen Sozialen Arbeit, denn nun war diese „kriegswichtig", um die „Heimatfront" aufrechtzuerhalten. Da viele Mütter in der Rüstungsindustrie arbeiten mussten, waren Volksküchen, Kindergärten, Berufsberatung für Frauen, Fabrikfürsorge etc. plötzlich nicht mehr „Notlösungen", sondern notwendige Rahmenbedingungen. Die Zahl der sozialen Frauenschulen stieg sprunghaft in die Höhe. 1919 existierten bereits 26 soziale Frauenschulen. Noch vor Kriegsende wurde 1918 eine erste staatliche Prüfungsordnung für Fürsorgerinnen erlassen.

3.3 Der Weimarer Wohlfahrtsstaat: Institutionalisierung und erste Theorieentwicklung

Nach 1918 stand die erste Demokratie auf deutschem Boden von Beginn an auf schwachen Füßen. Es gab verschiedene Putschversuche von rechtsreaktionären Vereinigungen und eine große Mehrheit für die Parteien, die dem Weimarer Staat gegenüber kritisch bis feindselig eingestellt waren. Dennoch gelang es, entscheidende rechtliche Neuerungen im Bereich der Sozialen Arbeit einzuführen, die die Bezeichnung „Wohlfahrtsstaat" für die Weimarer Staatsform gerechtfertigt erscheinen lassen.

3.3.1 Wohlfahrtsgesetze: Reichsfürsorgepflichtverordnung und Reichsjugendwohlfahrtsgesetz

1924 wurden Reichsgrundsätze im Bereich der Fürsorge (Reichsfürsorgepflichtverordnung) erlassen. Im § 1 hieß es:

> „Die Fürsorge hat die Aufgabe, dem Hilfsbedürftigen den notwendigen Lebensunterhalt zu gewähren. Sie muss die Eigenart der Notlage berücksichtigen."

Den Begriff der Armenpflege kannte dieses Gesetz nicht mehr, daher hießen die Armenkommissionen nun Wohlfahrtsämter. Allerdings begründete die Fürsorgepflichtversorgung noch keinen Rechtsanspruch auf Unterstützung (wie das spätere Bundessozialhilfegesetz von 1961), sondern verpflichtete lediglich die Kommunen – nach der Prüfung, ob andere Hilfen nicht ausreichen – aktiv zu werden.

Die zweite wesentliche rechtliche Errungenschaft des Weimarer Staates war das Reichsjugendwohlfahrtsgesetz (RJWG) von 1922/24: Im § 1 hieß es hier:

> „Jedes deutsche Kind hat ein Recht auf Erziehung zur leiblichen, seelischen und gesellschaftlichen Tüchtigkeit."

Das RJWG führte die separat entstandenen Stränge der Jugendpflege und Jugendbewegung (heute unter dem Begriff Jugendarbeit zusammengefasst), der Fürsorgeerziehung der Provinzen und der

Minderjährigenfürsorge der Kommunen (heute beides unter dem Begriff Erzieherische Hilfen bekannt) in einem Gesetz zusammen und schrieb die Gründung von Jugendämtern auf kommunaler Ebene vor. Schon vor dem 1. Weltkrieg war es vereinzelt zur Gründung von Jugendämtern gekommen (zuerst in Hamburg 1910), die v.a. die berufliche Vormundschaft über Zieh- und Kostkinder ausübte. In den 20er Jahren entstanden diese Ämter nun flächendeckend. Eine deutsche Besonderheit im RJWG war die Festlegung des subsidiären Prinzips, d.h. der Vorrangigkeit der freien Träger, was vorwiegend durch den starken Einfluss der Zentrumspartei zustande kam. Daher wurden auch viele Aufgaben, v.a. im Bereich der Familienfürsorge an kirchliche Vereine delegiert. Abgesehen von geringfügigen Novellen und ergänzenden Bestimmungen ist dieses RJWG in der NS-Zeit und der Nachkriegszeit in Kraft geblieben.

3.3.2 Wohlfahrtsverbände

Wichern hatte bereits 1848 anlässlich des Kirchentages in Wittenberg erfolgreich zur Gründung einer speziellen Hilfsorganisation aus protestantischer Verantwortung aufgerufen. Ein Jahre später wurde der „Centralausschuß für die Innere Mission der Deutschen Evangelischen Kirche“ gegründet. Zahlreiche Hilfsvereine hatten sich daraufhin im Dachverband der „Inneren Mission“ (ab 1975 „Diakonisches Werk“) organisiert. Nach dem Vorbild der evangelischen Organisation waren weitere Dachorganisationen im Bereich der privaten Wohlfahrtspflege entstanden:1869 war das Deutsche Rote Kreuz gegründet worden, 1897 auf katholischer Seite die Caritas (Lorenz Werthmann), 1917 die Zentralwohlfahrtsstelle der deutschen Juden, 1919 die Arbeiterwohlfahrt (Marie Juchacz). 1920 folgte der Paritätische Wohlfahrtsverband, in dem zunächst private Krankenhäuser, aber auch Vereine der Frauenbewegung organisiert waren. In diesen Dachverbänden organisiert sich bis heute die private Wohlfahrtspflege, die – zu einem Großteil über Tagespflegesätze oder Fachleistungsstunden finanziert – die meisten Einrichtungen der Sozialen Arbeit in Deutschland tragen. Für diese – europaweit – einzigartige Verflechtung privater und öffentlicher Verantwortung (Subsidiaritätsprinzip) legte das RJWG einen Grundstein.

3.3.3 Familienfürsorge und Berufsprobleme der Fürsorgerinnen

Die zunehmende Verrechtlichung und Institutionalisierung der Sozialen Arbeit und die Ausdifferenzierung der Handlungsfelder hatte ambivalente Folgen für die professionellen Helferinnen und ihre Klientinnen. Einerseits ermöglichte der Prozess eine größere soziale Sicherheit und effizientere Methoden der Hilfe, andererseits führte dies auch zu einem ersten Rationalisierungsschub und zur stärkeren staatlichen Kontrolle der fürsorgerischen Arbeit. Einerseits entstanden neue fachliche Konzepte wie die Familienfürsorge, andererseits wurde eben diese zur Grundlage für eine stärkere Arbeitsbelastung der Fürsorgerinnen.

In größeren Städten wurden in den neu geschaffenen Wohlfahrtsämtern nach 1918 vermehrt hauptberufliche Fürsorgerinnen eingestellt, die für den „Außendienst", d.h. das Aufsuchen von Familien in Notlagen zuständig waren. Sie waren vor allem verantwortlich für die Überprüfung des „notwendigen Lebensunterhaltes". Neben den Fürsorgerinnen des Wohlfahrtsamtes gab es in den 20er Jahren oft noch eigene Jugend- und Gesundheitsfürsorgerinnen in den entsprechenden Ämtern, sowie in den eigenständigen „Jugendämtern" der konfessionellen Verbände. Gerade zwischen Wohlfahrtsamt und Jugendamt kam es häufig zu Kompetenzstreitigkeiten (vgl. exemplarisch zur Geschichte der Fürsorgerinnen der Stadt Hannover: Rohbeck 2005).

Die Familienfürsorge – wie sie von Marie Baum 1927 in dem gleichnamigen Buch als Konzept vorgestellt wurde – trug der fachlichen Erfahrung Rechnung, dass die Probleme im Bereich Gesundheit, Wohnen, Erziehung oder Erwerbslosigkeit oft in ein und denselben Familien zu finden waren und sich die Fürsorgerinnen der entsprechenden Fürsorgevereine und Behörden oft genug sozusagen die Klinke in die Hand gaben. In vielen Kommunen ging man daher dazu über, diese Spezialfürsorgen (z.B. die Wohnungsfürsorge) aufzulösen und Fachkräfte mit der „Familienfürsorge" zu betrauen, die dann die Aufgabe hatten, die verschiedenen Probleme der Familien in ihrem speziellen Bezirk im Blick zu haben und jeweils entsprechende Hilfen zu vermitteln. Die bis heute nicht zufriedenstellend zu lösende Problematik dieses Konzepts bestand darin, dass diese Fürsorgerinnen nicht immer hinreichend Fachwissen in allen Gebieten haben konnten, weshalb sich in der weiteren fachlichen Entwicklung dieser „Bezirksfamilienfürsorge" hin zum „Allgemeinen Sozialen Dienst" immer wieder Phasen der Spezialisierung mit Phasen der Generalisierung der Aufgaben abwechselten. Trotzdem ist das fachliche Konzept eines „ganzheitlichen" oder – heute würden wir sagen „systemischen" – Ansatzes nicht falsch, lediglich haben daneben Spezialdienste und -einrichtungen durchaus ihre Berechtigung.

Ein weiteres Problem der Familienfürsorge war die Arbeitsteilung zwischen den meist sozial ausgebildeten Frauen im Außendienstes (die Informationen und Beratung geben durften) und den meist männlichen Verwaltungskräften im Innendienst, die Entscheidungen über materielle Hilfen fällen durften.

Vor dem Hintergrund dieser Entwicklung erlebten die in Behörden eingebundenen Sozialbeamtinnen die Tatsache, dass dort „Fälle" oftmals sehr schematisch abgearbeitet wurden, als entmenschlichende Abstraktionen einer von ihnen tief mitempfundenen Not. Die Frauenbewegung hatte aus sozialer Verantwortung heraus einen Beruf geschaffen, der zunächst in privaten Hilfsorganisationen tätig geworden war und der nun einen „Marsch durch die Institutionen" angetreten hatte (und zwar mit allen dazugehörenden Desillusionierungen und Frustrationen). Heute würde man sagen, viele litten damals an einem „Burn-out-Syndrom" und verfügten noch nicht über die Einsicht, dass die Distanz zum Klienten und seinen Problemen durchaus legitim, ja sogar professionell geboten sein könnte. Ein beredtes Zeugnis dieser aufopfernden, aber tendenziell auch schon selbstzerstörerischen Haltung stellt das 1925 erschienene „Tagebuch einer Fürsorgerin" von Hedwig Stieve (1925) dar. Dass die dort aufgezeichneten Belastungen keine Ausnahmeerscheinung darstellte, machte der „Deutsche Verein für öffentliche und private Fürsorge" deutlich, der 1925 über die „Berufslage der Fürsorgerinnen" einen Bericht vorlegte, in dem die Zunahme der „körperlichen und seelischen Zusammenbrüche der in öffentlichen Diensten stehenden Fürsorgerinnen" (Heynacher 1925, S. 1) mit Sorge beobachtet und statistisch belegt wurde. Die Untersuchung kam zu dem Schluss, dass einerseits die Art des Berufes, d.h. die ständige Konfrontation mit Not und die Aufgabe, ständig Zuwendung zu geben, zur Erschöpfung führten. Aber auch die Zusammenlegung der Spezialfürsorgen in die Hand einer Fürsorgerin habe zu einer enormen Arbeitsbelastung geführt (Heynacher 1925, S. 61). Der Bericht plädierte als Gegengewicht für Fortbildung, Organisation in Berufsvereinigungen und Erholungsfürsorge.

3.3.4 Reformpädagogik in der Jugendfürsorge

In vielen Handlungsfeldern der Sozialen Arbeit kam es während der Weimarer Republik zu einer ersten Blüte reformerischer Ansätze (Humanisierung des Strafvollzuges, neue psychoanalytisch orientierte Ansätze zur Behandlung psychisch Kranker). In den erzieherischen Feldern der Sozialen Arbeit machte sich der Einfluss der Reformpädagogik bemerkbar, welche weltweit eine neue Aufmerksamkeit gegenüber kindlichen Bedürfnissen und neue Erziehungsmethoden einforderte. Im Rahmen der „sozialpädagogischen Bewegung" um Herman Nohl wurde eine neue Idee von Erziehung vertreten, die sich in folgendem Satz zusammenfassen lässt:

> „Die alte Erziehung ging aus von den Schwierigkeiten, die das Kind *macht*, die neue von denen, die das Kind *hat.*" (Nohl 1926 in 1965, S. 32)

An der konfessionellen Fürsorgeerziehung kritisierte Nohl in verschiedenen Aufsätzen die einseitige religiöse Orientierung, die zu wenig den „Genuss des Lebens" und die Entfaltung der Kräfte fördere und welche die Triebe und Bedürfnisse der jungen Menschen kaum anerkenne. Auch sei die vorrangig in den Erziehungsanstalten praktizierte Erziehung zu (primitiver) Arbeit nicht gut, da hier das Bedürfnis nach sinnvoller Arbeit und nach Anerkennung der Person nicht befriedigt werde. Auch sollte der angeborene Freiheitsdrang nicht „moralisch niedergetreten" werden (vgl. Nohl 1924 in 1949, S. 174 ff.).

Die Männer und Frauen der sozialpädagogischen Bewegung sahen in den verwahrlosten oder kriminellen Jugendlichen einen *Kameraden*, einen „zu kurz gekommenen jungen Menschen", der in einen „verhängnisvollen Teufelskreis wirtschaftlicher und sozialer Notstände" (Herrmann 1956, S. 11) geraten war. Auch diese Kinder hätten Sehnsucht nach „Vertrauen und Wahrhaftigkeit", welche „durch die Bindung an den nur wenig Älteren, also im Lebensgefühl Verwandten" besonders gut befriedigt werden könne (Herrmann

1956, S. 16, vgl. zur sozialpädagogischen Bewegung Dudek 1988; autobiographisch: Siegel 1981).

Auch im Bereich der Arbeit mit den sog. „sexuell verwahrlosten" Mädchen gab es erste Versuche, diese Mädchen nicht moralisierend als „gefallene" oder „sündige" zu betrachten, sondern als normale, höchstens „zu Fall gebrachte" Menschen zu verstehen, die auf der Suche nach etwas Glück, Versuchungen oder Versprechungen erlegen waren (Pappenheim in Heubach 1994).

3.4 Entstehung erster Theorien Sozialer Arbeit

Im Rahmen der unterschiedlichen Beantwortung der sozialen Frage des 19. Jahrhunderts waren bereits erste theoretische Reflexionen über die Ursachen sozialer Not entstanden, die jedoch noch nicht als Theorien der Sozialen Arbeit gelten können. Erst durch die Professionalisierung und Profilierung der Sozialen Arbeit in den 1920er Jahren wurde dies möglich, und zwar im Zusammenhang mit den verschiedenen Zentren der Lehre und Forschung zum Praxisbereich Sozialer Arbeit.

Hervorragenden theoretischen Einfluss hatten die fürsorgewissenschaftliche Richtung der Frankfurter Universität (Klumker), die geisteswissenschaftlich-sozialpädagogische der Göttinger Universität (Nohl) und die sozialarbeiterisch-feministische Richtung der Berliner Akademie für soziale und pädagogische Frauenarbeit (Salomon).

3.4.1 Christian Jasper Klumker: Orientierung am Individuum

Christian J. Klumker (1868-1942) hatte nach seinem Studium der Theologie und Nationalökonomie die „Centrale für private Fürsorge" in Frankfurt geleitet. Sein spezielles Interesse galt der Organisation einer berufsmäßigen Vormundschaft für uneheliche Kinder. Soziale Arbeit war für Klumker vor allem Vermittlung, Organisation und Verwaltung von Hilfen sowie „Erziehung" der Hilfsbedürftigen. Die optimale Hilfe für minderjährige, ledige Mütter bestand seiner Auffassung nach darin, ihnen einen Arbeitsplatz zu vermitteln, damit sie eine gute Pflegestelle für ihr Kind finanzieren konnten. War diese gefunden, galt es, den Vater zu suchen und zur Zahlung der Alimente zu veranlassen.

1914 wurde Klumker Professor für Armenpflege und soziale Fürsorge in Frankfurt (später umbenannt in Lehrstuhl für Sozialpädagogik). Der Lehrstuhl wurde von der Centrale für Private Fürsorge (v.a. durch Wilhelm Merton) finanziert und war der erste in Deutschland, der sich mit Fragen der Sozialen Arbeit befasste.

1920 eröffnete Klumker den ersten universitären Jahreskurs für Soziale Arbeit, der sich v.a. mit Fragen der Jugendwohlfahrt beschäftigte. Klumker glaubte, dass es nicht *eine* Leitdisziplin der Fürsorge geben sollte, sondern dass sich das Lehrgebiet aus Soziologie, Pädagogik, Psychologie, Politikwissenschaft und Recht zusammenzusetzen hätte (Neises 1968, S 76 ff.).

Klumker entwickelte in seinem Buch *„Fürsorgewesen – Einführung in das Verständnis von Armut und Armenpflege“* (Klumker 1918) eine spezielle Theorie über die Aufgabe und gesellschaftliche Bedeutung der Sozialen Arbeit. Danach hat Armut in den verschiedenen historischen Epochen zwar verschiedene Gesichter, es handele sich bei den Armen jedoch immer um „Unwirtschaftliche“, die sich neuen wirtschaftlichen Verhältnissen nicht anpassen könnten. Die Charakterzüge, wie Lügenneigung, Faulheit und Leichtsinn, seien „sekundärer Natur“, d.h. sie sind erst die Folgen der wirtschaftlichen Schwäche, sie sind „in und durch Verarmung erworben“ (Klunker 1918, S. 60).

Ursache für Armut ist nach Klumker immer die „Zergliederung der Wirtschaftlichkeits- und Unwirtschaftlichkeitstypen“, die in verschiedenen Zeiten unterschiedliche Gründe haben könnten, vorwiegend aber auf Anpassungsproblemen beruhten. Denn von der Fähigkeit, sich neuen Verhältnissen anzupassen, mache man sich oft eine übertriebene Vorstellung.

Er hielt es für einen Irrtum zu glauben, man könne jemals allen Arbeitsfähigen einen Arbeitsplatz schaffen, denn bisher hätte keine Gesellschaft und keine Wirtschaftsform allen „Wirtschaftlichkeitstypen“ Raum geboten. Da in der modernen Ökonomie eine starke Selbständigkeit erforderlich sei, würden diejenigen, die diese nicht erwerben konnten, hilfsbedürftig. Die Aufgabe der Fürsorge sei nun die „Erziehung, Versorgung und Verwertung Unwirtschaftlicher" (Klumker 1918, S. 73).

Nach Klumker muss neben der wirtschaftlichen Hilfe deshalb ein persönlicher Einfluss auf den Unterstützten genommen werden, denn die wirtschaftliche Unfähigkeit hängt oft mit der Unfähigkeit zusammen, „sich überhaupt richtig zum Leben zu stellen" (Klumker 1918, S. 67). Um zur richtigen Lebenseinstellung zu verhelfen, braucht der Armenpfleger das Vertrauen des Unterstützten, daher muss er verständnisvoll, selbstlos und gütig sein. Die berufliche Motivation darf weder das persönliche Einkommen noch der Wunsch sein, Menschen zu beeinflussen. Denn es sei unvermeidbar, dass in einer Hilfebeziehung ein Abhängigkeits-, ja ein Machtverhältnis entstehe. Es ist nach Klumker aber keinesfalls erlaubt, die Hilfsbedürftigen weltanschaulich, religiös, moralisch oder politisch zu beeinflussen (Klumker 1918, S. 65). Das Ziel darf lediglich die wirtschaftliche Unabhängigkeit und Selbständigkeit als Grundlage zur freien Gestaltung des eigenen Lebens sein.

Dieser Hinweis, eine moralische Beeinflussung als einen Missbrauch der Situation der Abhängigkeit zu verstehen, ist (von heute aus betrachtet) eine interessante Warnung von einem Mann, der Theologie studierte – und ein Beweis dafür, dass sich Soziale Arbeit professionalisierte.

Obwohl Klumker Armut nicht als persönliche Schuld, sondern nur als Unfähigkeit sah, sich anzupassen, kritisierte er weder das politische noch das ökonomische System. Ungerechte Beziehungen zwischen Männern und Frauen, armen und reichen Menschen spielen in seiner Theorie keine Rolle. Die sich ändernden ökonomischen Verhältnisse folgen in seiner Perspektive einer Art Naturgesetz und sind nicht zu beeinflussen durch menschliche Entscheidungen und politisches Handeln.

3.4.2 Herman Nohl und die Sozialpädagogik in der Wohlfahrtspflege: Orientierung an der Gemeinschaft

Herman Nohl (1879-1960) wurde 1920 Professor für Philosophie und Pädagogik in Göttingen und prägte diesen Lehrstuhl mit seinem spezifischen Verständnis von „Sozialpädagogik". Er beeinflusste damit eine ganze Generation von Lehrern und Fürsorgerinnen.

1923 eröffnete Nohl einen akademischen Kurs für männliche Wohlfahrtspfleger in Göttingen, der allerdings zahlenmäßig nicht sehr erfolgreich war.

Nohl schlug die Pädagogik als wichtigste Bezugswissenschaft für die gesamte Soziale Arbeit vor, nicht nur für die Jugendfürsorge. Er war überzeugt, dass die *neue* Pädagogik in der Gestalt der Sozialpädagogik geeignet sei, die angemessene professionelle Identität bei sozial Tätigen hervorzurufen.

Erziehung zur Gemeinschaft durch das Leben in einer Gemeinschaft, um sich sozial und geistig zu integrieren, das war – auf eine kurze Formel gebracht – Nohls Verständnis von Sozialpädagogik. Deshalb war die Unterbringung von verwahrlosten oder auffälligen Kindern (aber auch Erwachsenen) in einer neuen Gemeinschaft für Nohl auch das wichtigste Instrument für die Lösung sozialer Probleme. Im Gegensatz zu Klumker interpretierte Nohl Armut vorrangig als ein geistiges Problem. Nicht die ökonomische Lage, sondern Verwahrlosung, Desintegration, Massengesellschaft und materialistische Gesinnung („Versachlichung und Vermassung") hielt er für die Hauptursachen sozialer Probleme (Nohl 1949, S. 42). Die frühere „Umweltfürsorge" habe dies nicht berücksichtigt und gerate dort an ihre Grenzen, während die „sozialpädagogische Fürsorge" hinter der historisch schon immer vorhandenen Einzelnot eine universale Not erkenne, die eben aus der Vermassung der Menschen hervorgehe:

> „(...) die tiefere Aufgabe (liegt darin), diese Masse zu personalisieren und den einzelnen dadurch zu heben und ihm geistige Inhalte, Kraft und Bindung zu geben, daß er wieder einen Platz in Gemeinschaften findet, als deren Glied er sich fühlt, aus denen ihm Aufgaben und Verantwortlichkeiten wachsen und die ihn beseelen und formen." (Nohl 1926 in 1965, S. 19)

Daher ist Fürsorge und Wohlfahrtspflege „im letzten also doch Sozialpädagogik", ja sie „gipfelt" darin, denn der Fürsorger führt nicht bloß aus, sondern leitet den Hilfsbedürftigen an. Die Sozialpädagogik unterscheidet sich auch in weiteren wichtigen Punkten von der „Umweltfürsorge":

> „Sie tritt nicht bloß mit der Frage irgendwelcher objektiven Werte fordernd an das Individuum heran, sondern sieht sich zunächst dem armen, hilflosen

Ich gegenüber, das nach seinem Glück strebt, und bejaht die Berechtigung seiner Triebe, zu wohnen und zu essen, zu arbeiten und seine Muße zu haben, sein Liebesverlangen wie sein Elternrecht, vor allem auch sein Recht erzogen zu werden um seiner selbst willen zur Entfaltung seiner Tüchtigkeit. Nur wo der ‚Klient' des Sozialbeamten diese Grundeinstellung der Fürsorge erfährt, sie ihm in seinen berechtigten Motiven helfen und ihn hier verteidigen will, wird er auch zu ihm das Vertrauen haben, das er dem Arzt und dem Anwalt schenkt und ohne das seine Arbeit vergeblich ist. Und zu diesen berechtigten Motiven gehört ... der Respekt vor dem Lebenswillen und Lebensplan des Individuums." (Nohl 1926 in 1965, S. 18)

Sozialpädagogik sollte Kindern, aber auch Erwachsenen dazu verhelfen, sich zu entfalten und sich in eine Gemeinschaft zu fügen, dies aber nicht nur um die Individuen, sondern auch um die Gesellschaft weiterzuentwickeln, um der Menschheit, ab 1933 dann deutlicher auch „Deutschland", zu helfen. Alle Erziehung und Bildung sollten der „Höherbildung des deutschen Volkes" dienen (eine Position, die Nohl nach 1933 in eine gefährliche Nähe zur nationalsozialistischen Idee der „Volksgemeinschaft" brachte, vgl. dazu Zimmer 1995).

Die Konzeption Nohls betont – anders als Klumker – nicht nur die ökonomischen Bedürfnisse eines Menschen, sondern auch seine sozialen. Problematisch ist sie dort, wo sie ökonomische Ursachen der Armut vernachlässigt und materielle in pädagogische Probleme umdeutet, womit sie letztlich die Verantwortung von Staat und Wirtschaft negiert.

3.4.3 Alice Salomon: Orientierung an Gerechtigkeit und die Kunst des Helfens

Alice Salomon (1872-1948) war nach eigener Praxiserfahrung in der Centrale für private Fürsorge in Berlin lange Jahre als Schulleiterin der ersten deutschen Frauenschule tätig (vgl. 3.1.2.). Sie veröffentlichte eine Reihe von Lehrbüchern und gründete 1925 die „Akademie für soziale Frauenarbeit", die den Sozialarbeiterinnen den Weg in Leitungspositionen eröffnen sollte. Salomon war daneben engagiert in der internationalen Frauen- und Friedensbewegung und organisierte den ersten internationalen Austausch im Bereich der Ausbildung zur Sozialen Arbeit (Gründung des Internationalen Komitees Sozialer Schulen 1928, heute: International Association of Schools of Social Work). Sie setzte sich dafür ein, Soziale Arbeit als eigenständige (Handlungs-) Wissenschaft anzuerkennen. Diese sollte sich der Frage widmen, mit welchen (politischen, pädagogischen oder psychologischen) Methoden soziale Problem am besten zu bekämpfen sind. In vielen Veröffentlichungen vertrat sie ein Menschen- und Gesellschaftsbild, in dem der Mensch als ein von anderen grundsätzlich und in allem abhängiges Wesen betrachtet wird – vom Konsum bis zur Bildung (vgl. auch Vives, der bereits darauf hingewiesen hatte: „Niemand ist körperlich so stark oder geistig so schlau, dass er, wenn er menschlich leben will, sich allein genügt." [Vives 2004, S. 284]). Aus dieser Tatsache zog Salomon die Konsequenz, dass der Mensch sich der gegenseitigen Hilfe als einer Kulturleistung bewusst werden und dem „Kampf aller gegen alle" eine Absage erteilen müsse. Die Aufgabe der Sozialen Arbeit bestehe darin, den Grundsatz gegenseitiger Hilfe und sozialer Gerechtigkeit jeweils unter sich wandelnden ökonomischen Bedingungen neu umzusetzen. Sie sei daher mehr als „Wohltätigkeit", da sie die im wirtschaftlichen Konkurrenzkampf entstandenen Ungerechtigkeiten kompensieren solle.

Im theoretischen Entwurf Salomons sind Armut und Ungerechtigkeit die direkte Folge von wirtschaftlichen Veränderungen, die durch Industrialisierung, Verstädterung und das Verschwinden großfamiliärer Bezüge gekennzeichnet sind. Traditionelle Strukturen sozialer Unterstützung und Sicherungen seien zusammengebrochen und der Staat habe zu lange und noch immer zu sehr auf die Selbstheilungskräfte des Marktes vertraut. Seine Aufgabe sah Salomon darin, im Interesse der Allgemeinheit, die Wirtschaft zu kontrollieren (im Sinne einer sozialen Marktwirtschaft).

Denn der freie Markt führte in den Augen Salomons unweigerlich zur Ausbeutung derer, die nichts als ihre Arbeitskraft zu verkaufen hatten. Ausdrücklich wandte sich die studierte Nationalökonomin Salomon gegen die Auffassung von Adam Smith, dass die wirtschaftliche Freiheit zu größerem Reichtum für alle führte (Salomon 1928, S. 56). Im Gegenteil sei nur die „Bildung einer neuen Geldaristokratie" erfolgt, dem eine „Massenarmut" gegenüberstehe. Auch gegen Malthus argumentierte sie, da dieser das Problem der Not auf eine Fehlentwicklung der Bevölkerungszahlen reduzierte. Ein Mangel an Hilfe – so Salomon – hätte nie die gewünschte „selektorische" Wirkung, sondern führte lediglich zu einer fortschreitenden Verelendung. Auch habe der Gedanke der Nichtförderung der sog. Lebensschwachen, wie er auch von vielen Eugenikern vertreten wurde, nicht zu vernachlässigende Folgen für die allgemeine menschliche Moral (Salomon 1928, S. 15). Kultur sei etwas anderes als Natur: aus der Biologie allein ließen sich keine ethischen Ideale ableiten.

Auf dem freien Markt gehörten Frauen und Kinder – so Salomon – zu den Schwächeren und so standen sie meistens am Ende der langen Kette der Ausbeutung in der kapitalistischen Wirtschaft: vor allem alleinerziehende Mütter, Witwen, geschiedene und verlassene Frauen mit vielen Kindern waren nicht in der Lage, diese zu betreuen und gleichzeitig für sie Geld zu verdienen. Die Berichte der Armenkommissionen enthielten – so Salomon – tausende solcher Fälle. Die traditionelle Armenpflege vernachlässigte jedoch die spezifische Notlage von Müttern (vgl. Salomon 1927, S. 155). Salomon forderte daher mehr Krippen, Horte und Kindergärten, um den Frauen die Möglichkeit zu geben, zu arbeiten *und* ihre Kinder zu behalten (um sie nicht Klumkers Konzeption entsprechend in Pflegestellen unterbringen zu müssen).

Für Salomon ist das Hauptziel der Sozialen Arbeit, soziale Gerechtigkeit zwischen Männern und Frauen, wie auch zwischen Armen und Reichen herzustellen. Ohne die Analyse der bestehenden gesellschaftlichen Ungerechtigkeiten und den Glauben, dass der Status quo in Richtung auf mehr sozialen Frieden und Gerechtigkeit zu verändern sei, verliert die Soziale Arbeit Salomons Auffassung nach ihre Identität. Dann könne die Soziale Arbeit – so Salomon – von jedem anderen Beamten ausgeführt werden, der Gelder nach bestimmten Richtlinien verteilt.

Ziel Sozialer Arbeit ist nicht nur die materielle Absicherung, sondern die Gesundheit, kulturelle Teilhabe, Erziehung und Bildung. Diese Ziele sind nicht durch einseitige Handlungen zu erreichen, da es sich bei der Hilfe nicht „um ein Subjekt-Objekt-Verhältnis, sondern um das Zusammenwirken verschiedener Subjekte" handele (Salomon 1928, S. 5). Neben den ökonomisch verursachten Notlagen, gesteht Salomon auch Unglücksfällen und schuldhaftem Versagen eine verursachende Wirkung von Notlagen zu. Dies sei früher zur Unterscheidung in würdige und unwürdige Arme benutzt worden. Davon habe man im Wohlfahrtsstaat Abstand genommen:

> „Heute ... (weiß man), daß mit der Feststellung von Willensschwäche oder Unfähigkeit nichts über die Frage persönlicher Schuld ausgesagt ist, daß die Zusammenhänge von Schuld und Schicksal nicht auf eine einfache Formel zu bringen sind." (Salomon 1928, S. 8)

Hilfe sei immer möglich und ethisch aus dem Gleichberechtigungsgedanken heraus geboten, da jede Seele einen absoluten Wert habe:

> „Der Mensch ist nicht unveränderlich, sondern er lebt, wächst, ist fähig, starke Eindrücke von außen zu empfangen, neue Gewohnheiten zu formen, Gutes und Schlechtes anzunehmen." (Salomon 1928, S. 29)

Der Erfolg einer Hilfe sei jedoch immer unsicher, da das Leben wie „Ebbe und Flut" sei und daher immer neue Herausforderungen bringe, denn auch der Mensch verändere sich ständig.

Obwohl die Sozialpolitik ein integraler Bestandteil der Sozialen Arbeit ist, ist Soziale Arbeit nicht mit Politik identisch, sondern geht eigene Wege, handelt nach eigenen, spezifischen Methoden. Salomon unterschied dabei sachliche und persönliche Aufgaben. Zu den sachlichen Aufgaben gehörte die Vermittlung von Geld, Wohnraum, Arbeit oder Bildung, um die äußeren Umstände den Bedürfnissen des Klienten anzupassen. Die persönlichen Aufgaben bestehen darin, Menschen zu ermutigen, ihren Willen zu stärken und ihre Energie zu befreien, um eine Hilfe durch Selbsthilfe zu ermöglichen.

In ihrem Lehrbuch *„Soziale Diagnose"* beschäftigte sich Salomon ausführlich mit der Frage, wie ein Mensch einem anderen auf dieser persönlichen Ebene überhaupt helfen kann. In früheren Theorien wurde darüber nachgedacht, warum zu helfen sei (Christenpflicht des Almosens) oder mit welcher Zielsetzung (Innere Mission), bei Salomon ging es jetzt erstmals auch darum, *wie* dies *methodisch* am besten erfolgen kann. Das qualitativ Neue der sozialen Diagnose und Therapie sah Salomon dabei in der ganzheitliche Betrachtung des Hilfsbedürftigen und in der Orientierung auf ein besseres Leben:

> „Die soziale Arbeit hat nicht einen bestimmten Gesichtswinkel, sondern ist auf den gesamten Menschen eingestellt und das kann der soziale Arbeiter den Ärzten nahebringen, die durch ihre Ausbildung oft dazu geführt werden, das Blickfeld zu verengen. (...) Aus einer Tätigkeit, die Armut bekämpfen wollte, ist eine Arbeit geworden, die der Wirksamkeit des Arztes, des Lehrers, des Richters zum Erfolg verhilft, die das Leben der Menschen gesünder, besser, inhaltsreicher machen will." (Salomon 1926, S. 6)

Um wirklich helfen zu können, muss der „Klient" (wie Salomon die Hilfsbedürftigen in Anlehnung an den Beruf des Anwaltes nennt) zunächst wirklich verstanden werden. Denn viele Auffälligkeiten sind nur Symptome für tieferliegende Probleme. Wenn diese erkannt werden und es gelingt, den „Willen lebendig zu machen", indem das „Zentrum der Seele" erreicht wird, dann kann ein Hilfeprozess erfolgreich sein. Grenzen findet der Hilfeprozess jedoch dort, wo Klienten selbst nicht bereit sind, sich zu verändern:

> „Niemand kann einen anderen dadurch stark machen, daß er für diesen anderen arbeitet. Niemand kann ihn dadurch zum Denken veranlassen, daß er für den anderen denkt. Das Glück, das ein Mensch sich erwirbt, hängt im wesentlichen von ihm selbst ab. Alle Möglichkeiten, die sich uns bieten, alle Ratschläge, die wir erhalten, nutzen uns nichts, wenn wir sie nicht nutzen wollen. (....) Oft wird das, was von außen gesehen als Notstand erscheint, auch gar nicht als Notstand empfunden werden. Vielleicht ist es nichts als eine Art das Leben anders anzufassen, als wir es tun. (....) Nur dann ist ein Eingreifen ohne oder gegen den Willen eines Menschen berechtigt, wenn er bewiesen hat, daß er unfähig ist, allgemein als wesentlich anerkannte Aufgaben zu erfüllen; wenn er seine Kinder vernachlässigt oder gefährdet, wenn er Leben und Gesundheit anderer bedroht." (Salomon 1926, S. 56)

Um den Klienten zu verstehen, muss nach Salomon eine genaue Diagnose erfolgen, die nicht nur auf der Sammlung und Prüfung, sondern auch auf der richtigen Deutung der Informationen und einem Hilfeplan beruhe. Salomon wies dabei wiederholt auf Fehlerquellen hin, die in der Parteilichkeit von Zeugen (z.B. der Nachbarn) oder der eigenen Voreingenommenheit (Verwechselung von Tatsachen und Schlussfolgerungen) liegen könnten. Zu leicht werde von Arbeitslosigkeit auf Arbeitsscheu oder von unehelichen Kindern auf unsittlichen Lebenswandel geschlossen.

> „Es bleibt daher nichts anderes übrig, als die Sozialbeamten so auszubilden, daß sie ihre eigenen Voreingenommenheiten als solche begreifen, daß sie ihre Einstellung richtig bewerten und dadurch die Gefahr vermeiden, bestimmte Tatsachen zu stark, andere zu gering zu beachten und zu bewerten.“ (Salomon 1926, S. 16)

Im Erstgespräch mit dem Klienten muss zunächst eine Vertrauensbasis erarbeitet werden. Viele Berufsanfänger würden hier den Fehler machen, zu erwarten, dass der Klient sofort alle Problem nennt, die ihn bedrücken. Im Gegenteil muss der Klient erst von der Autorität und Kompetenz des Helfenden überzeugt werden. Richtschnur für die weitere Arbeit sind dann die Hoffnungen und Pläne, welche die Klienten selbst für ihre Zukunft haben (Salomon 1926, S. 19). Nach der stellvertretenden und zusammenfassenden Deutung der Probleme stellt der professionelle Helfer den Fall einer Gruppe von Kolleginnen bzw. dem Dienstellenleiter vor, die dann gemeinsam eine Entscheidung fällen.

Allerdings gibt es nicht nur Grenzen der Hilfsmöglichkeiten vom Klienten, sondern auch vom sozial Arbeitenden aus. Nur mit dem guten Herzen helfen zu wollen, das sei im 20. Jahrhundert überholt, aber ohne ein gutes Herz, geht es Salomon zufolge auch nicht. Neben einer guten Ausbildung ist daher die emotionale Beteiligung und die Persönlichkeit der Helfenden von entscheidender Bedeutung:

> „Die tiefste Hilfe, die ein Fürsorger geben kann, liegt nicht so sehr in dem, was er tut, als in dem, was er ist.“ (Salomon 1928, S. 183)

Fazit

Zwischen 1890 und 1918 entwickelte sich der ehemalige „Nachzügler" Deutschland (späte Bildung eines Nationalstaates, „Nachtwächterstaat") durch seine Sozialversicherungsgesetze zu einem Vorreiter des europäischen Wohlfahrtsstaates. Dies ist auch der Hintergrund für die Entstehung der professionellen Sozialen Arbeit, die zunächst aus freier Vereinstätigkeit hervorgegangen ist und eng mit den Vorstellungen der damaligen Frauenbewegung über die soziale Verantwortung der bürgerlichen Frau verknüpft war. Professionelles Handlungswissen war in diesem Konzept ein Wissen über die sozialen Ursachen der Not wie über alltagspraktische Fähigkeiten von Frauen in Haushalt und Familie.

In der Weimarer Zeit fanden bedeutende rechtliche, konzeptionelle und theoretische Veränderungen statt, die tradierte Handlungs- und Deutungsweisen der Armenpflege und Jugendfürsorge des 19. Jahrhunderts endgültig zu überwinden schienen (Anerkenntnung kindlicher Bedürfnisse, individueller – auch nicht materieller – Not, Entwicklung spezifischer Hilfemethoden). Viele fortschrittliche Gedanken und Reformen konnten jedoch in der nationalsozialistischen Zeit nicht weitergeführt werden.

Quellentipp und Vorschlag zur Diskussion

Die Konzeptionen von Fürsorge und Wohlfahrtspflege bei Klumker, Nohl und Salomon können in ihren Grundannahmen vom Menschen und der Gesellschaft untereinander und mit den Antworten auf die soziale Frage aus dem 19. Jahrhundert verglichen werden. Welche der Konzeptionen sind bis heute aktuell? Als Textgrundlagen zur Diskussion sind die Aufsätze „Sozialpädagogik in der Wohlfahrtspflege" (1926 in Nohl 1965, S. 17-19) und „Die geistigen Energien der Jugendwohlfahrtsarbeit" (1926 in Nohl 1965, S. 10-16) zu empfehlen sowie „Soziale Hilfstätigkeit" (1902 in Salomon 1998, S. 109-121), „Leitfaden der Wohlfahrtspflege" (1928, S. 1-16) und „Soziale Diagnose" (1926, S. 51-66, auch abgedruckt in Salomon 2004, S. 300-314).

4

4. Soziale Arbeit im Nationalsozialismus

Es fällt bis heute schwer, die 12-jährige Periode der nationalsozialistischen Diktatur in Deutschland in den Verlauf der Moderne des 19. und 20. Jahrhunderts einzuordnen. Zu sehr hat der industrielle Massenmord an den Juden die Frage eröffnet, wie ein solches Verbrechen in einem zivilisierten, aufgeklärten Land überhaupt möglich war.

Neben vielen anderen Ursachen spielte auch die soziale Lage der Mehrheit eine wichtige Rolle bei der Erklärung der Frage, wie die Nationalsozialisten an die Macht kommen konnten. Denn als 1929 die Arbeitslosigkeit auf 44 % angestiegen war, führte dies nicht nur zum Zusammenbruch der gerade erst (1927) eingeführten Arbeitslosenversicherung, sondern daraufhin auch zum Bankrott der kommunalen Unterstützungskassen, da diese Kassen selber durch die öffentliche Finanzkrise zu großen Einsparungen gezwungen waren.

Die Verarmung erreichte daher um 1930 weite, auch bürgerliche Bevölkerungsgruppen, was zum Nährboden für die Akzeptanz der „braunen Revolution“ – auch im Bereich der Wohlfahrtspflege – wurde. Daneben spielte aber auch ein jahrzehntelanger Antisemitismus, die preußische Gehorsamkeitserziehung und eine zunehmend einflussreiche Ideologie von der Bedeutung Deutschlands sowie von der Höherwertigkeit bestimmter „Rassen“ eine wichtige Rolle.

Bereits 1927 hatte Hitler an seiner Position in Bezug auf die „soziale Frage“ keinen Zweifel gelassen. In seinem Buch „Mein Kampf“ rechnete er mit der „Humanität“ in der Wohlfahrtspflege ab, die er für eine Mischung aus „Dummheit, Feigheit und eingebildetem Besserwissen“ hielt (Hitler 1934, S. 148). Im ewigen Kampf sei die Menschheit groß geworden. Daher wandte Hitler sich auch gegen eine Zeugungsvermeidung, wie Malthus sie vorschlug, und vertrat eine „natürliche“, d.h. grausame, „Auslese“, damit die eigene Rasse „höherwertig“ werde (vgl. Hitler 1934, S. S. 144 ff.).

Tragischerweise war der totalitäre Herrschaftsapparat der Nationalsozialisten nach 1933 in der Lage und bereit, die bereits im 19. Jahrhundert entwickelte „Utopie“ von der Vernichtung „minderwertigen“ Lebens in grausamer Konsequenz zu verwirklichen. In dem großen Projekt dieser *„Reinigung“ des „Volkskörpers“* spielte die Soziale Arbeit (nun „Volkspflege“ genannt) eine besondere Rolle. Sie sollte durch „ausmerzende Erbpflege“ die sog. Minderwertigen zum Wohl des Volkes „zurückdrängen“ und die Erbgesunden fördern.

Professionelle der Sozialen Arbeit waren an der Umsetzung dieser Politik der „Aufartung“ und ihrer neuen „Ethik“ von der ungleichen „Wertigkeit“ der Menschen direkt und in vielfältigen Formen beteiligt. Der Leiter des Hauptamtes für Volkswohlfahrt, Erich Hilgenfeldt, forderte, den Menschen klarzumachen, dass Kampf und Leid die notwendigen Bedingungen für eine Höherentwicklung des eigenen Volkes sind, und dass diejenigen, die zu schwach seien, kein Recht auf Leben hätten:

> „Alles, was die Notzeit übersteht, ist Auslese des Volkes, Auslese, die wir überall im Leben finden. Alles, was lebendig ist, wird vom Leben geprüft und wird verworfen, wenn es schwach ist.“ (Hilgenfeldt, zit.n. Althaus 1937, S. 5)

4.1 „Volkspflege": Versuch einer „Endlösung" der sozialen Frage

Unter Volkspflege wurde im Nationalsozialismus die zuwendende Hilfe für benachteiligte, durch äußere Umstände (Arbeitslosigkeit) verarmte „Volksgenossen", bzw. „deutsche" Mütter und Kinder, vorzugsweise im ländlichen Raum verstanden. In diesen Bereichen setzten sich auch „moderne" Formen der Fürsorge durch: effizient, funktional und ohne die herablassende Geste bürgerlicher „Wohltätigkeit". Gleichzeitig wurden die durch „Volkspflege" Betreuten eingebunden in das Projekt rationaler Menschenproduktion. Sie hatten ihren „Wert" und den ihrer Kinder durch angepasstes Wohlverhalten zu beweisen und das „Unwerte", d.h. behinderte oder „unerziehbare" Kinder, preiszugeben.

So wie die Nationalökonomie um 1890 und die geisteswissenschaftliche Pädagogik um 1925 einen entscheidenden Einfluss auf die theoretische Debatte und auf die Deutungsmuster Sozialer Arbeit ausgeübt hatten, so wurde nach 1933 die Medizin die neue Leitdisziplin. Die neunte Antwort auf die soziale Frage – die medizinische – setzte sich damit in einer rassistischen Ausdeutung für 12 Jahre (unterschwellig noch bis in die 70er Jahre) in Deutschland durch.

Nach dem scheinbaren Versagen des Weimarer Wohlfahrtsstaates sollte nun gewissermaßen eine radikale „Endlösung" der sozialen Frage durch die richtige Gesundheits*„vorsorge"* geschehen. Damit würde – so die Idee – die frühere *„Fürsorge"* sukzessive überflüssig gemacht werden.

Der „Wohlfahrtspflege" der Weimarer Zeit wurde nun selbst die Verantwortung für die Zunahme ihrer Klienten unterstellt (in Leugnung der ökonomischen Krise nach 1929): je höher die öffentliche Unterstützung, so die These der Nationalsozialisten (in Anlehnung an Malthus), desto stärker würden sich diejenigen vermehren, die sonst im wirtschaftlichen Existenzkampf keine Mittel erwerben könnten und als Folge davon auf „natürliche" Weise aussterben würden. Vor der Gewährung einer Unterstützung sollte also geprüft werden, ob die Antragsteller wertvolle oder minderwertige Erbanlagen weiterzugeben hätten – eine qualitativ neue Variante der klassischen Scheidung in würdige und unwürdige Arme.

Die Elite der Stärkeren war dabei rassistisch begründet und die reinrassigen „Arier" sind die Höherwertigsten. Die Debatte wurde darüber hinaus in Deutschland ***sozial***rassistisch geführt, d.h. auch abweichendes Verhalten wurde biologisch begründet. Nach dem zu Beginn der Machtergreifung 1933 verabschiedeten „Gesetzes zur Verhütung erbkranken Nachwuchses" wurden daher auch „moralisch schwachsinnige" Personen, sog. „Erbsäufer", Prostituierte, Straftäter und Fürsorgezöglinge zwangssterilisiert.

Dabei wiederholten die ärztlichen Gutachten in den meisten Fällen wortgetreu die Verhaltensbeobachtungen und Wertungen aus den Gutachten der Fürsorgerinnen. Viele gaben offen zu, dass es als „Beweis" der erblichen Tauglichkeit genügen würde, wenn durch Erziehung „Gemeinschaftsfähigkeit und Lebenstüchtigkeit" hergestellt worden sei, während auch bei nicht vorhandener Erbkrankheit, die „asozialen Züge" eines Menschen als Gründe für eine Sterilisation ausreichten (Villinger, zit. n. Kuhlmann 1989, S. 142).

Im Bereich der *Ausbildung zur Sozialen Arbeit* nahmen die Nationalsozialisten nach 1933 über die Staatsprüfung direkten Einfluss auf die Lehrplangestaltung der nun „Volkspflegeschulen" genannten Wohlfahrtsschulen. Das zentrale Fach wurde die Rassenhygiene, daneben musste die Geschichte der nationalsozialistischen Bewegung gelehrt werden.

Aber auch die bereits vor 1933 ausgebildeten Fürsorgerinnen und Sozialpädagoginnen trugen vielfach das neue Konzept der ausgrenzenden Volkspflege mit. Studien über die Selbstwahrnehmung der damals tätigen „Volkspflegerinnen" weisen deutlich sowohl die Einbindung in und Beteiligung dieses Berufsstandes an sozialrassistischen Maßnahmen (Zwangssterilisationen, Euthanasie) nach, sowie aber auch dessen strukturelle (und nicht nur in dieser Zeit bestehende) Ohnmacht gegenüber Ärzten, Verwaltungsbeamten und Politikern. Bemerkenswert ist darüber hinaus, dass viele der sozial Berufstätigen subjektiv davon überzeugt waren, Reformprojekte aus der Weimarer Republik (Mütterberatung, Erholungsfürsorge, gesundheitliche Aufklärung der ländlichen Bevölkerung) umzusetzen (vgl. Haag 1994; Schnurr 1997). In der Erinnerung markierte das Jahr 1933 eine beginnende *Verbesserung* der sozialen Lage der Klienten und der professionellen Rahmenbedingungen.

4.1.1 Die Nationalsozialistische Volkswohlfahrt (NSV)

Die „Nationalsozialistische Volkswohlfahrt“ wurde am 3.5.1933 als Parteiorganisation anerkannt und reichsweit ausgebaut. Von vornherein hatte die NSV damit den taktischen Vorteil, dass sie in doppelter Gestalt agieren konnte – als staatliche Organisation einerseits ***und*** als freier Träger andererseits.

So war es selbstverständlich, dass sie im „Reichszusammenschluss der Wohlfahrtsverbände“ die Führung übernahm. Die Arbeiterwohlfahrt (AWO) und die jüdische Zentralwohlfahrtsstelle waren ohnehin verboten, der Paritätische Wohlfahrtsverband bereits vereinnahmt worden. Lediglich die kirchlichen Verbände und das Rote Kreuz (das ausschließlich im Gesundheitsbereich operierte) konnten ihren Einfluss auf die weitere Entwicklung behaupten, auch, weil sie sich außerordentlich kooperativ zeigten.

Inhaltlich konzentrierte sich die NSV auf präventive und familienunterstützende Hilfen für die „Erbgesunden“. Die Mitarbeiter der NSV übernahmen die Sammlungen für das „Winterhilfswerk“ (WHW) und das Hilfswerk „Mutter und Kind“. Den Kirchen wurden eigene Sammlungen untersagt, sie erhielten jedoch eine Abfindung aus den WHW-Sammlungen. Anschließend verteilten sie die meist nicht ganz freiwilligen „Spenden“ an Hilfsbedürftige („Keiner soll hungern, keiner soll frieren“) bzw. verschickten Tausende von erholungsbedürftigen Kindern mit ihren Müttern auf das Land (Erholungsfürsorge). Zentraler Ausgangspunkt der NSV-Aktivitäten waren die insgesamt über 6000 Gemeindepflegestationen, die vor allem in ländlichen Bereichen Schwangeren- und Mütterberatungen und Pflegedienste anboten. All diese Maßnahmen hatte es bereits in der Weimarer Zeit gegeben, neu war aber der Umfang bzw. die flächendeckende Ausbreitung. Selbsterklärtes Ziel war es, damit ein engmaschiges Beobachtungsnetz aufzubauen.

Gerade in der Mütterberatung ging es dabei um die Durchsetzung einer spezifisch nationalsozialistischen Säuglingspflege, die eine „mütterliche Frontstellung“ gegen das Kind bezweckte. Sie zog gegen die „Affenliebe“ zu Felde und propagierte einen schematischen und kinderfeindlichen Vier-Stunden-„Stillrhythmus“, der zu einer frühen Gewöhnung an Gehorsam führen sollte (Dill 1999). Neben der Mütterberatung engagierte sich die NSV im Kindergartenbereich (Dauer-, Ernte-, Hilfskindergärten), besonders im Zweiten Weltkrieg, als viele Mütter in der Rüstungsindustrie gebraucht wurden. Im Bereich der Jugendhilfe wurden erstmals flächendeckend Erziehungsberatungsstellen eröffnet – nun nicht mehr wie bisher als Abteilung in einer Jugendpsychiatrie, sondern als pädagogisches Beratungsangebot.

4.1.2 Hermann Althaus und das Wesen der nationalsozialistischen Volkswohlfahrt

Für die NSV fasste Hermann Althaus, der das Amt für Wohlfahrtspflege und Jugendhilfe im Hauptamt für Volkswohlfahrt der Reichsleitung der Nationalsozialistischen Deutschen Arbeiterpartei (NSDAP) leitete, die wesentlichen theoretischen Positionen in dem Buch „Nationalsozialistische Volkswohlfahrt – Wesen, Aufgaben und Aufbau" zusammen. Das Buch sollte u.a. der Fortbildung bzw. „Umschulung" der in der Weimarer Zeit ausgebildeten Fürsorgerinnen dienen, da ein „grundsätzlicher Wandel der Begriffe und der inneren Haltung" in der Wohlfahrtspflege stattgefunden habe:

> „Nationalsozialistische Weltanschauung und somit auch nationalsozialistische Volkswohlfahrt wertet nicht vom einzelnen Individuum, sondern vom Ganzen des Volkes her. (...) Der Teil gilt nur soviel, als er Wert ist für das Ganze." (Althaus 1937, S. 7)

Althaus grenzte sich wiederholt von den vor 1933 angeblich einflussreichen Strömungen des „Liberalismus" und „Marxismus" ab, die beide individuelle Bedürfnisse in den Mittelpunkt gestellt hätten (Althaus 1937, S. 7 ff.). Im Nationalsozialismus gehe dagegen Selbsthilfe, Familien- und Nachbarschaftshilfe vor staatlicher Fürsorge und die Hilfsbedürftigen würden immer wieder auf ihren „Arbeits- und Selbsthilfewillen" hin geprüft (Althaus 1937, S. 8). Althaus wandte sich gegen die „unproduktive Nurfürsorge" und sah besonders in den Gesetzen zur Verhütung des erbkranken Nachwuchses, dem Bewahrungsgesetz und dem Gesetz zur Sicherungsverwahrung für Sexual- und Gewohnheitsverbrecher wichtige und entlastende Neuerungen im Bereich der Volkspflege. Auch Arbeitsbeschaffung, Arbeitsdienst, Landhilfe, Landjahr und Umschulungen für arbeitslose Jugendliche zählte er zu den wichtigen sozialpolitischen Rahmenbedingungen. Viele Einrichtungen und Maßnahmen der Staats- und Wirtschaftsführung hätten geradezu eine „sozialistische Tendenz" erhalten, welche zukünftig alle „Nöte des Volkes" produktiv überwinden würden (Althaus 1937, S. 10).

Hilfsmaßnahmen der Gesundheit und der Erziehung sollten daher Vorrang vor denen der rein materiellen Unterstützung haben. Neben der Sozialpolitik sei der zentrale Ansatzpunkt der vorsorgenden Volkspflege die gesunde Familie, da sie nicht nur sozial, sondern auch biologisch vor der „Entartung in einen entwurzelnden Individualismus" bewahre und weil sie ebenfalls durch ihre lebendige familiäre Gemeinschaft helfe, den „völkischen Sozialismus" zu verwirklichen (Althaus 1937, S. 18, 21).

Für die wertvollen Glieder der Volksgemeinschaft, die tatsächlich bedürftig sind, sollte es jedoch mehr Hilfen geben als zuvor. Hier trete neben die Mindestleistungen der behördlichen Fürsorge die „von den freien Kräften des Volkes getragene Volkswohlfahrtspflege", welche erbbiologisch und rassehygienisch orientiert sei. Sie sei daneben vor allem auch „Gesinnungspflege", denn sie wolle zur Nützlichkeit und zu Leistungswillen erziehen. Sie sei kein gönnerhaftes Almosen, sondern kameradschaftliche Hilfe in der „Not- und Brotgemeinschaft des deutschen Volkes" (Althaus 1937, S. 12). Sie hilft deshalb nicht allen, weil sie nicht (im Gegensatz zu Salomon) an die Gleichheit aller Menschen glaube:

> „Ihr (der Volkspflege C.K.) gilt nicht der Satz von der Gleichwertigkeit der Staatsbürger. Sie weiß, daß die Erbanlage die Menschen ungleich in ihrem Wert für das Wohl des Ganzen macht. Die Umweltbedingungen sind nicht das Entscheidende für die Entwicklung der Individuen." (Althaus 1937, S. 14)

Auch gegenüber der kirchlichen Liebestätigkeit sah Althaus in dieser Hinsicht einen wesentlichen Unterschied im Menschenbild. Dies hielt er für problematisch, da viele Fürsorgerinnen kirchlich geprägt seien:

> „Wir (die NSV, C.K.) werden vor die Aufgabe gestellt, ein zwei Jahrtausende altes Denken umzubiegen und der Arbeit einen anderen, einen neuen Geist zu geben. Dabei stehen wir vor dem sehr schweren Problem, uns mit der Wohlfahrtsidee der christlichen Religionsbekenntnisse auseinandersetzen zu müssen." (Althaus 1937, S. 23 f.)

Dies führe zu Spannungen und Konflikten, weil die Kirchen an den „einmaligen persönlichen Wert jedes Individuums vor Gott", auch des erbkranken, glaubten und eine Barmherzigkeit üben wollten, die sich gerade an die „Elenden der Elenden" richtet, deren Heilung oder Besserung nicht möglich sei. Aus dieser unterschiedlichen Auffassung heraus hätten sich schließlich unterschiedliche Aufgabengebiete von Kirchen und NSV herausgebildet. Nach Althaus besteht das Ziel für die Zukunft in einem deutlichen Abbau kirchlicher Wohlfahrt und einer Beschränkung derselben auf seelsorgerische Tätigkeit.

4.2 Die Umsetzung nationalsozialistischer Politik in einzelnen Handlungsfeldern der Sozialen Arbeit

4.2.1 Öffentliche und private Fürsorge: Ausgrenzung der „Asozialen"

Da die Arbeitslosigkeit nach 1933 tatsächlich langsam zurückging, hätte sich die Lage der öffentlichen Fürsorge entdramatisieren können. Tatsächlich ging auch die Zahl der sog. Wohlfahrtserwerbslosen von 1934-1936 um die Hälfte zurück, 1938 stellten sie nur noch knapp 6 % der Hilfsbedürftigen (Sachße/Tennstedt 1992, S. 91). Es muss an dieser Stelle darauf hingewiesen werden, dass dies nicht auf die politischen Maßnahmen der Nationalsozialisten zurückzuführen, sondern ein Effekt der allgemeinen Entspannung des Weltmarktes war. Da aber zeitgleich die Zahlungen des Reichs an die Kommunen um 75 % gekürzt wurden, war die Folge eine erneute Kürzung der Leistungen und ein noch rigiderer Umgang mit den übriggebliebenen Wohlfahrtsempfängern. Dies empörte vor allem die Gruppe der verarmten Klein- und Sozialrentner, die sich aber durch die Deutsche Arbeitsfront (DAF) und die NSV Gehör verschaffen konnten. NSV und DAF forderten schließlich die Einführung von Regelsätzen, die reichseinheitlich das Existenzminimum für die „würdigen" Volksgenossen sichern sollte. Die nationalsozialistischen Organisationen vermittelten dabei den Eindruck hoher Aktivität und Verantwortlichkeit im sozialen Bereich, während in der Realität eine Verschiebung weg von Rechtsansprüchen hin zu Abhängigkeiten von privater „Volkspflege" (z.B. vom Winterhilfswerk) stattfand, denn die Zusatzunterstützung (Sach- und Dienstleistungen) ging nur an „erbbiologisch hochwertige" und politisch zuverlässige Hilfsbedürftige.

Zeitgleich entlastete die Propaganda gegen „Bettler" die Volkspflege von einem Teil ihrer Klientel. Im Juni 1933 hatte der „Völkische Beobachter", das Parteiorgan der NSDAP, bereits angekündigt, dass Almosengeben künftig als Sabotage an der großen nationalsozialistischen Erneuerung der Fürsorge zu begreifen sei.

Die heute noch von vielen Zeitzeugen positiv erinnerte Bereinigung des Straßenbildes von „Asozialen“ wurde zunächst durch verstärkte Einweisungen in Arbeitshäuser, später in „Lager für geschlossene Fürsorge“ erreicht, in denen sich die Lebensbedingungen verschlechterten. Ab 1938 schließlich wurden „asoziale“ Hilfeempfänger, vor allem Nichtsesshafte, Prostituierte und sog. Trunksüchtige nicht mehr den städtischen Fürsorgeämtern, sondern direkt der Kriminalpolizei und Gestapo unterstellt (Ayass 1995, S. 224).

Im Rahmen der Aktion „Arbeitsscheu Reich“ wurden viele von ihnen in Konzentrationslager überwiesen, manche nur für kurze Zeit zur Abschreckung, manche länger. Die damit gemachten Erfahrungen wurden zu Vorüberlegungen für das sog. „Gemeinschaftsfremdengesetz“ genutzt. Dies schloss an die Diskussionen um ein „Bewahrungsgesetz“ aus der Weimarer Zeit an. Es sollte die rechtliche Möglichkeit bieten, die nicht „Gemeinschaftsfähigen“ dauerhaft zu Zwangsarbeit zu verurteilen. Dieses Gesetz wurde zwar bis 1945 nicht mehr verabschiedet (wegen Zeitmangels und Kompetenzstreitigkeiten), auf dem Verwaltungswege wurde in vielen Fällen jedoch in diesem Sinne gehandelt. Darüber hinaus ist nicht auszuschließen, dass auch dieser Teil der Bevölkerung (wie die Behinderten, Juden, Sinti und Roma) zur Vernichtung vorgesehen war.

Die Überantwortung der „minderwertigen“ Klientel an die Gestapo stellt historisch gesehen eine Rückkehr zur polizeilichen „Lösung“ sozialer Probleme dar (Sachße/Tennstedt 1992, S. 261 ff.). Damit gelang es den Nationalsozialisten, die öffentliche Fürsorge von der Rolle einer „Marktpolizei“ im Bereich der Niedriglöhne zu entlasten (Kuhlmann 1988, S. 245 ff.) und schließlich auch den Weg zu ebnen für die von DAF und NSV geforderten reichsweiten Regelsätze für Wohlfahrtsunterstützungen, die tatsächlich am 31.10.41 erlassen wurden.

Diese ausgrenzende Fürsorge, auch „Arisierung“ der Wohlfahrtspflege genannt (Juden, Zigeuner u.a. „Fremdvölkische“ waren selbstredend auch von Unterstützungsleistungen ausgenommen), wurde unter Federführung der 1934 verstaatlichten Gesundheitsämter betrieben, denen die kommunalen Wohlfahrts- und Jugendämter unterstellt worden waren. Hier wurden umfangreiche „Sippentafeln“ verfasst, die auffälliges Verhalten bis hin zur Großelterngeneration verfolgten und als belastendes Zeugnis für die betroffenen Familien auslegten.

4.2.2 „Ballastexistenzen": Psychisch kranke und behinderte Menschen

Die psychisch kranken und behinderten Menschen gehörten im Dritten Reich zu der gefährdetsten Gruppe. Sie waren das Hauptangriffsziel der nationalsozialistischen Propaganda gegen die sog. „Ballastexistenzen", das „Ungeziefer" im Garten der eugenischen Utopie und viele Ärzte behandelten sie auch auf diese Weise.

Weit über die Hälfte der vom Gesetz zur Verhütung erbkranken Nachwuchses veranlassten Sterilisationen fand an sog. schwachsinnigen Personen statt, daneben wurden auch viele blinde und taube Menschen erfasst. Die unwidersprochene Gleichsetzung von Behinderung und Minderwertigkeit war für die Betroffenen (und die Angehörigen) folgenschwer. Wenn sie überhaupt überlebten, kämpften sie auch nach 1945 aus Scham und Verzweiflung nur selten um eine Wiedergutmachung (vgl. für taubstumme Menschen exemplarisch: Biesold 1988).

Im Rahmen der vom Reichsinnenministerium unter dem Deckmantel einer „Transportgesellschaft" durchgeführten T4-Aktionen, den sog. Euthanasieaktionen, wurden 250.000–300.000 Erwachsene und Kinder der sog. Irren- oder Idiotenanstalten bzw. Landesheil- und Heilerziehungsanstalten vergast oder vergiftet. Diese Krankenmorde fanden ab 1940 sowohl auf Transporten wie auch in eigens dafür umgerüsteten Tötungsanstalten (Hadamar, Brandenburg, Grafeneck, Bernburg u.a.) statt (allgemein zur Euthanasie Klee 1983). Die Erfahrungen, die mit der Vergasung der Kranken gemacht wurden, dienten den Nationalsozialisten als Vorarbeiten für den Aufbau der Tötungsanlagen in Auschwitz.

Trotz versuchter Geheimhaltung der Morde kam es bald sowohl zu Protesten von Angehörigen wie auch zu öffentlichen Protesten der Kirchen, die als Anstaltsträger betroffen waren. Danach wurden die offiziellen Mordaktionen eingestellt (denen bis dahin 70.000 Menschen zum Opfer gefallen waren). Es folgte jedoch eine Phase der wilden Euthanasie, in der mit Giftspritzen gearbeitet wurde. Viele behinderte und psychisch kranke Menschen starben zudem im Zweiten Weltkrieg an Unterernährung.

Erst 2012 wurde in Brandenburg eine Gedenkstätte für die Opfer der Euthanasie eröffnet.

4.2.3 Jugendwohlfahrt: die Spaltung in „erbkranke“ und „erbgesunde“ Kinder

Die im Reichsjugendwohlfahrtsgesetz (RJWG) von 1922/24 zusammengeführten Bereiche der Jugendpflege und der Jugendfürsorge trennten sich im Dritten Reich wieder und nahmen unterschiedliche, teilweise gegensätzliche Entwicklungen. Überlegungen, die Jugendfürsorge aus der Wohlfahrtsarbeit heraus und in den Zuständigkeitsbereich der Reichsjugendführung zu überführen, scheiterten jedoch ebenso wie eine angestrebte einheitliche Reform des RJWG und eine Zusammenführung von Jugendstraf- und Jugendhilferecht. Dies lag vor allem an der Zuordnung der sog. Schwererziehbaren oder jugendlichen Kriminellen zu den „Minderwertigen“.

Wiederholt kritisierte die NSV die im RJWG festgehaltene Grundrichtung der Erziehung. Im § 1 des RJWG offenbare sich eine „liberalistische Einstellung“. Es könne künftig nicht mehr vorrangig um die körperliche, seelische und gesellschaftliche Entfaltung des Kindes gehen. Es solle nicht mehr vom Kind, seinen Bedürfnissen „oder gar Wünschen“ her erzogen werden, sondern vom Volk aus“ (Ernst Krieck, zit. n. Althaus 1937, S. 31 f.).

Auch wenn es zu einer tatsächlichen Änderung des RJWGs nicht kam, so hatte der „Reichszusammenschluss der freien Wohlfahrtspflege“ 1934 doch einen Entwurf für das neue Reichsjugendgesetz vorgelegt, in dessen § 1 programmatisch die „neue“ Zielrichtung der Erziehung festgehalten wurde:

> „Die Erziehung der Jugend ist Erziehung zur Volksgemeinschaft. Ziel der Erziehung ist der körperlich und seelisch gesunde, sittlich gefestigte, geistig entwickelte, beruflich tüchtige, deutsche Mensch, der rassebewusst in Blut und Boden wurzelt ...“ (zit. n. Kuhlmann 1989, S. 74 f.)

Zu tatsächlichen gesetzlichen Veränderungen kam es zuerst nur im der Bereich der Jugendpflege (später auch des Jugendstrafrechtes), welcher wegen der Möglichkeiten der propagandistischen Beeinflussung aller Jugendlichen verstaatlicht und ausgebaut wurde.

4.2.4 Hitlerjugend (HJ) und Bund Deutscher Mädel (BDM)

Die Hitler-Jugend, die 1926 aus verschiedenen Jugendgruppen der NSDAP gegründet wurde (BDM 1930), war vor 1933 zahlenmäßig unbedeutend geblieben. Erst als am 17. Juni 1933 Baldur von Schirach zum „Reichsjugendführer" ernannt und ihm sämtliche Jugendverbände unterstellt wurden, änderte sich die Situation. Politisch links stehende Jugendverbände wurden verboten und die große Mehrheit der restlichen (z.B. Großdeutscher Bund, Evangelische Jugend etc.) in HJ und BDM „eingegliedert".

Dieser Prozess verlief ohne größere Störungen, da die Hitlerjugend bereits viele Formen der Jugendbewegung übernommen hatte: Zeltlager, gemeinsames Singen am Feuer, Heimabende etc. und das Prinzip „Jugend führt Jugend". Auch hatte sich die Mehrheit der aus der Jugendbewegung hervorgegangenen Jugendverbände (z.B. Pfadfinder) bereits um 1930 zunehmend in eine militaristische Richtung entwickelt.

Obwohl das Prinzip „Jugend führt Jugend" einen hohen propagandistischen Wert hatte, war es im Vergleich zu den früheren Jugendverbänden gravierend eingeschränkt, denn die HJ war eine Unterorganisation der Partei und damit dem Staat unterstellt. Und die Reichsjugendführung hatte eigene Vorstellungen von den Erziehungszielen der HJ: nicht Freizeit, sondern Pflichterfüllung sollten fortan im Vordergrund stehen. Daher übernahm die HJ auch soziale Aufgaben: wie z.B. die Jugendvertretung im Betrieb oder Berufsberatungen; schließlich wurde sie sogar als Streifendienst für Aufgaben des Jugendschutzes eingesetzt (z.B. Kontrolle von Gastwirtschaften).

Am 21. Dezember 1936 wurde das HJ-Gesetz verabschiedet, das die HJ zur Staatsjugend erklärte und ihr einen eigenen Erziehungsauftrag neben Schule und Elternhaus erteilte. Eine Verpflichtung zur Teilnahme, für die die Eltern sorgen mussten, wurde allerdings erst im Zweiten Weltkrieg (1.12.1939) verfügt. Diese gesetzlichen Maßnahmen waren aus Sicht der Reichsjugendführung notwendig geworden, da bis 1935 nicht einmal die Hälfte, bis 1939 nur zwei Drittel aller Jugendlichen erfasst waren (vgl. Giesecke 1981).

Jedoch leisteten nur wenige gemeinschaftlichen Widerstand gegen die verpflichtende Teilnahme an der HJ. Lediglich im Ruhrgebiet entstanden im Zweiten Weltkrieg immer mehr „Wilde Cliquen" der Arbeiterjugendlichen und auch in Hamburg fiel zunehmend die (eher bürgerlich orientierte) „Swing-Jugend" auf.

4.2.5 Jugendfürsorge als „Minderwertigenfürsorge"?

Im Gegensatz zur verstaatlichten Jugendpflege fand der Großteil der Jugendfürsorge weiterhin im Rahmen von katholischen und evangelischen Anstalten und Vereinen statt. Die Fachvertreter der Jugendhilfe (z.B. der 1908 gegründete „Allgemeine Fürsorgeerziehungstag", AFET) – setzten sich zwar vehement gegen die Propaganda zur Wehr, wonach die Fürsorgeerziehung eine reine „Minderwertigenfürsorge" sei. Sie gaben aber zu, dass die Jugendfürsorge von den „Minderwertigen" „gereinigt" werden müsse . Etwa 12 % der Zöglinge wurden zwangssterilisiert, um anschließend eine erfolgreiche „volksaufbauende Erziehungsarbeit" leisten zu können. Dann sollte auch nicht mehr von Jugendfürsorge, sondern von „Jugend*hilfe*" gesprochen werden (Kuhlmann 1989, S. 85).

Trotz solcher Art von Bemühungen konnte sich die Fürsorgeerziehung nicht erfolgreich aus ihrer historisch entstandenen Zwitterposition als Verwahrungs-, Straf- und Erziehungsmaßnahme befreien. An den Rändern entstanden jedoch neue, z.T. spezifisch nationalsozialistische Institutionen, die v.a. eine stärkere Differenzierung nach „rassischen" Kriterien im Bereich der Jugendfürsorge bewirken sollten:

- In direkter Trägerschaft der Fürsorgeerziehungsbehörden (Landesjugendämtern) wurden in jeder Provinz „Beobachtungsheime" unter psychiatrischer Leitung geschaffen, um die „erbgesunden Erfolgsfälle von den erbgeschädigten Nichterfolgsfällen" zu trennen (Kuhlmann 1989, S. 128) und auf dezentrale Sonderheime zu verteilen. Dabei sollte die frühere Differenzierung nach Alter, Geschlecht und Bildungsgrad durch eine Differenzierung nach Schweregrad der „Erbbelastung" ersetzt werden.
- Daneben errichtete die NSV sog. Jugendheimstätten für die „erbge-

sunden" Fälle, d.h. für die mit positiver Prognose. In diesen Heimen der nationalsozialistischen „Erziehungshilfe" gab es regelmäßige Dienstbesprechungen und einen individuell gestalteten Erziehungsplan. Die Gruppen umfassten nicht mehr als 15 Kinder, waren familienähnlich gestaltet und die Kinder besuchten die Schule des Ortes. Die Heimbewohner wurden nicht mehr Zöglinge, sondern „Heimkameraden und Heimkameradinnen", die Heimerzieherinnen, die meist aus HJ und BDM kamen, „Heimscharführer" genannt.

- Schließlich wurden nach 1940 Jugendkonzentrationslager für die „Unerziehbaren" in Moringen und in der Uckermark eingerichtet. Die Funktion dieser Lager, die es in abgemilderter Form in verschiedenen Provinzen auch als Arbeitslager für jugendliche „Arbeitsbummelanten" gab (Kuhlmann 1989, S. 221 ff.), bestand vor allem in der Drohung, dorthin überwiesen zu werden, wie auch darin, „Endstation" für diejenigen zu sein, die in den Erziehungsanstalten nicht mehr tragbar schienen. In Moringen gab es sechs verschiedene Blöcke, vom U-Block (für sog. Untaugliche) über die sog Dauer- und Gelegenheitsversager bis zum E-Block der „Erziehungsfähigen". Die Differenzierung gehörte offenbar so notwendig zum nationalsozialistischen Erziehungssystem, dass sogar in der „Endstation", in den Jugend-KZs, nicht darauf verzichtet wurde.

4.2.6 Jugendstrafrecht

Auch im Umgang mit straffällig gewordenen Jugendlichen setzte sich (wie auch bei erwachsenen Straftätern) nach 1933 zunehmend eine Problemwahrnehmung durch, die den Schutz der „Volksgemeinschaft" an die erste Stelle rückte und die von angeborenen „schädlichen Neigungen" ausging (Verordnung über die unbestimmte Verurteilung Jugendlicher von 1941).

1943 wurde ein neues Reichsjugendgerichtsgesetz erlassen, nachdem das Jugendgerichtsgesetz von 1923 bereits durch eine Vielzahl von einzelnen Verordnungen ausgehöhlt worden war. Das Gesetz der 20er Jahre war getragen gewesen von einem reformpädagogischen Optimismus, der Jugendlichen nicht vorrangig Strafen, sondern auch Erziehungsmöglichkeiten bieten wollte, einschließlich der Möglichkeit der Einweisung in ein Erziehungsheim. Das Reichsjugendgesetz von 1943 dagegen verstärkte einerseits den Strafaspekt, z.B. durch die Möglichkeit, die Strafmündigkeitsgrenze auf 12 Jahre herabzusetzen, was mit der angeblich steigenden Kriminalität dieser Altersgruppe begründet wurde. Auch durften nun Todesstrafe und lebenslange Haftstrafe für Minderjährige ausgesprochen werden.

Das Gesetz verlangte zudem eine erbbiologische Differenzierung nach „Lebens- und Sippenverhältnissen“ sowie der „Volkszugehörigkeit“ der Jugendlichen. Zur Klärung des „Erbwertes“ konnten sie für sechs Wochen in eine „kriminalbiologische Untersuchungsanstalt“ gebracht werden und nach der Einstufung als „jugendlicher Schwerverbrecher“ der SS (Schutzstaffel) überstellt werden. Diese paramilitärische Organisation der NSDAP war auch für die Konzentrationslager zuständig. Die meisten dieser Jugendlichen kamen in die bereits erwähnten Konzentrationslager in Moringen oder der Uckermark (§60 RJGG).

Ähnlich wie im Bereich der Jugendfürsorge wurde auch im RJGG eine Umdeutung von Verhalten auf genetische Veranlagung nicht nur ermöglicht, sondern vorgegeben. Denn „schädliche Neigungen“ sollten dann angenommen werden, wenn der Jugendliche „ohne Durchführung einer längeren Gesamterziehung durch weitere Straftaten die Gemeinschaftsordnung stören wird.“ (zit. n. Jureit 1995, S. 92)

Das Gesetz war von den äußeren Rahmenbedingungen her nicht nur im Vergleich mit anderen europäischen Gesetzen durchaus „modern“, sondern entsprach auch den Erwartungen vieler deutscher Reformer. Diese hatten lange Zeit die Einführung des bis heute bestehenden „Jugendarrestes“ und des Jugendgefängnisses gefordert, allerdings mit anderen Begründungen. Im Nationalsozialismus veränderten sich sowohl die Argumentationsmuster wie die Rechtspraxis in Richtung rigidere Durchsetzung des Sühne- und Strafgedankens. Daher gab es in dieser Zeit auch weniger Verfahrenseinstellungen und Bewährungsstrafen.

Fazit

Das sozialrassistische Deutungsmuster des Nationalsozialismus spaltete die Klienten der Sozialen Arbeit in allen Bereichen in wertvolle „Brauchbare“ (mit Hilfeanspruch) und minderwertige „Unbrauchbare“, die sofern „bösartig“ (kriminell, asozial) der Polizei, sofern „krank“ (unheilbar, unerziehbar) der Medizin ausgeliefert wurden.

In den erzieherischen Bereichen der Sozialen Arbeit (Mütterberatung, Jugendpflege) setzten sich rigide Muster der Erziehung zum Gehorsam und zur unauffälligen Eingliederung in die „Volksgemeinschaft“ durch. Wo diese „Erziehung“ nicht erfolgreich war, wurde eine erblich bedingte Minderwertigkeit unterstellt und die daraus folgenden Konsequenzen angedroht.

Der „Wohlfahrtsstaat“ der Weimarer Republik hatte erstmals jene Gruppe der „Asozialen“ und „Unerziehbaren“ geschaffen, denen – nach erfolgten „fachlichen“ Bemühungen – nicht mehr zu helfen war und die dann in der Perspektive der Nationalsozialisten „gefährlich“ oder einfach zu „Ballast“ wurden.

Die nationalsozialistische „Volkspflege“ war aber nur oberflächlich betrachtet ein *Rückfall* in die „Barbarei“, vielmehr offenbart sie die Barbarei eines *Fortschrittdenkens,* in dem nur nützliche und vernünftige Menschen einen Wert haben und von deren Symptomen auch die heutige Soziale Arbeit nicht frei ist.

Quellentipp und Vorschlag zur Diskussion

In dem Lehrbuch zur Umschulung der NSV von Hermann Althaus sind die Grundprinzipien der Wohlfahrtspflege des Nationalsozialismus genannt (Althaus 1937, S. 7-26). Wenn man diese vergleicht mit der Menschenrechtskonvention der Vereinten Nationen (UN) von 1948 und den dort formulierten Menschenrechten, so können die einzelnen Verstöße gegen die Menschenrechte nachträglich erkannt und benannt werden. In diesem Vergleich kann deutlich werden, warum die Formulierung der Menschenrechte eine notwendige Reaktion auf Faschismus und Nationalismus war (vgl. UN-Menschenrechtskonvention) und warum die Menschenrechte heute weltweit die wichtigste Grundlage für die Soziale Arbeit sind.

5

5. Soziale Arbeit in BRD und DDR (1945-1969)

Die Deutschen haben sich nicht selbst vom Nationalsozialismus befreit. Sie verloren den 1939 von Hitler begonnenen Krieg und Deutschland wurde von alliierten Truppen befreit und besetzt. Diese stellten in der Nachkriegszeit die Weichen für die Weiterentwicklung des politischen und sozialen Systems.

Schon vor Kriegsende hatten sich dabei Interessensdifferenzen der gegen Nazi-Deutschland Verbündeten abgezeichnet: Amerikaner, Engländer und Franzosen strebten den Aufbau einer marktwirtschaftlich orientierten Demokratie, die Russen die Einbindung in den Warschauer Pakt und den Aufbau eines sozialistischen Zentralstaates an. Deutschland wurde in die Ostzone und die Westzonen geteilt. Während des „Kalten Krieges" wurden die Bundesrepublik Deutschland (1949) und die Deutsche Demokratischen Republik (1949) gegründet. Von da an nahm die Entwicklung der Sozialen Arbeit in beiden deutschen Staaten bis 1989 einen getrennten Verlauf.

5.1 Soziale Arbeit in der Bundesrepublik Deutschland (bis 1969)

In den ersten Nachkriegsjahren war die Soziale Arbeit überwiegend mit der Beseitigung der direkten, existentiellen Notlage der Menschen beschäftigt: Nahrungs- und Wohnraummangel, Arbeitslosigkeit und „Trümmerbeseitigung" standen im Vordergrund. Die Alliierten setzten zunächst das geltende NS-Recht außer Kraft, die Jugendkonzentrationslager wurden aufgelöst, Zwangssterilisierungen und Euthanasie wurden unterbunden, Hitlerjugend und NSV wie alle anderen Parteiorganisationen abgeschafft.

Engländer und Amerikaner boten nach 1945 besondere „reeducation"-Programme für junge Deutsche an. Im Bereich der Jugendarbeit wurde „group work" (Gruppenarbeit) als eine Methode propagiert, welche die an das Führerprinzip gewöhnten Jugendlichen zu demokratischen Verhaltensweisen erziehen sollte (vgl. Konopka 2000).

Junge Fachkräfte der Sozialen Arbeit wurden zu Bildungsaufenthalten nach England und Amerika eingeladen und brachten die theoretische Debatte aus diesen Ländern nach Deutschland. Neben der „group work" wurden nun auch „casework" (Einzelfallhilfe) und „community work" (gemeinwesenorientierte Arbeit) nach Deutschland importiert (vgl. Müller 1981). Dass es sich dabei oft um die Wiedereinführung von Ansätzen handelte, die bereits in den 20er Jahren in Deutschland entwickelt worden waren bzw. die Emigranten aus Deutschland in den USA weiterentwickelt hatten, war den meisten Professionellen damals nicht bewusst (vgl. Wieler/Zeller 1995).

Trotz dieses Versuches der Einführung „moderner" Methoden blieb die Praxis in den Institutionen bis in die 70er Jahre jedoch konzeptionell konservativ, wenn nicht unterschwellig Denkmustern aus der Zeit vor 1945 verhaftet. Das lag auch daran, dass es in der Sozialen Arbeit wie in allen beruflichen Bereichen nach 1945 personelle und konzeptionelle Kontinuitäten gab: Viele ehemalige NSV-Mitarbeiter wechselten in andere Institutionen. So führte das ehemalige NSV-Mitglied Andreas Mehringer in das Münchener Waisenhaus das Familienprinzip ein, wie er es in den NSV-Jugendheimstätten kennen gelernt hatte (Mehringer

1976). Auch die Debatte um ein Bewahrungsgesetz für „Unerziehbare“ wurde erneut in den Jugendämtern und Fachverbänden (z.B. im AFET) aufgenommen. In der Jugendpsychiatrie hielt man weiterhin die meisten Auffälligkeiten für biologisch determiniert (vgl. Stutte 1958).

Auch in anderen Bereichen der Sozialen Arbeit herrschte ein Grundkonsens vor, dass es den Klienten nur an der richtigen Einstellung zu traditionellen Werten wie Arbeit und Familie fehle, was möglicherweise (eben doch) erblich vorherbestimmt war. Nur durch strenge Erziehung in Anstalten oder durch restriktive Handhabung der Sozialhilfe – so die damalige Auffassung – könnten diese Werte „vermittelt“ werden.

Jahrzehnte später beschwerten sich die ehemaligen Kinder und Jugendlichen über die menschenverachtenden Erziehungspraxen, die in den Kinder-, Erziehungs- und Behindertenheimen der 50er und 60er Jahre herrschten. Offenbar ermöglichte die „totale Institution“ Heim (Goffman 1973) in Verbindung mit der Überforderung des Personals sowie dessen Prägung durch eine autoritäre, „schwarze Pädagogik“ eine heute nur noch schwer vorstellbare Brutalität gegenüber den als „Uneheliche“ und „Verwahrloste“ stigmatisierten Heimkindern (Wensierki 2006; Kuhlmann 2008; Schrapper/Johns 2010; Frings/Kaminsky 2012). Nicht alle, aber die Mehrheit der Heime praktizierte entwürdigende Strafen (insbesondere für Bettnässer) und lieblose „Aufbewahrung“. Skandalös daran ist, dass sich diese Zustände in einer Gesellschaft hielten, die sich zumindest offiziell seit 1949 als demokratischer Rechtsstaat bezeichnete. Nach 2005 forderten die Betroffenen daher immer nachdrücklicher Entschuldigungen und Entschädigungen. Erstmalig in der Geschichte der Sozialen Arbeit kam es daher zu Vereinbarungen mit den staatlichen und kirchlichen Trägern der früheren Heimerziehung, welche Entschädigungszahlungen in Bezug auf Rentenansprüche und therapeutische Hilfen vorsahen, sowie zu öffentlichen Entschuldigungen (http://www.rundertisch-heimerziehung.de).

Nur langsam führte die fortschreitende Orientierung der Jugendgesetze am Grundgesetz die Fachleute der Sozialen Arbeit zu einer veränderten Praxis. In den Artikeln 20 und 28 wurde die BRD als demokratischer und sozialer Rechtsstaat definiert, der seinen Bürgern einen Anspruch auf soziale Leistungen gewährleisten sollte.

Zwischen 1950 -1966 herrschte annähernde Vollbeschäftigung, die Löhne stiegen um das Dreifache und auch die Renten-, Unfall- und Krankenversicherung wurde wieder aufgebaut, zusätzlich eine Kriegsopferversorgung und ein Kriegslastenausgleichgesetz eingeführt. In diesen Jahren des „Wirtschaftswunders" konnte sich die Soziale Arbeit wieder auf mehr konzentrieren als auf reine Notstandsverwaltung: Jugend- und Sozialhilfe wurden reformiert und anstelle des Reichsjugendwohlfahrtsgesetzes trat 1961 das Jugendwohlfahrtsgesetz, anstelle der Reichsfürsorgepflichtverordnung im selben Jahr das Bundessozialhilfegesetz.

Bereits in der Novelle des RJWG von 1953 waren die einschränkenden Bestimmungen der NS-Zeit, z.B. die Abschaffung der Jugendhilfeausschüsse, aufgehoben worden. Nun erweiterte das JWG 1961 den Pflichtaufgabenanteil der Jugendämter (Pflegekinderschutz, Heimaufsicht) und führte die Freiwillige Erziehungshilfe ein (FEH). Das Bundessozialhilfegesetz regelte erstmals einen individuellen Unterstützungsanspruch. In beiden Sozialgesetzen wurde der Vorrang der freien Träger gegenüber den staatlichen noch einmal besonders hervorgehoben. Diesmal wurde dies damit begründet, dass der NS-Staat die negativen Wirkungen einer rein staatlichen Fürsorge bewiesen habe.

5.1.1 Theorieentwicklung: Casework

Während in der Praxis der Sozialen Arbeit noch autoritäre Umgangsformen in den 50er und 60er Jahren üblich waren, profilierten sich die Ausbildungsstätten durch die Ideen des „Casework", wodurch erstmals auch psychoanalytische Einflüsse in die Soziale Arbeit gelangten.

„Casework" war mehr als eine Methode: in diesem Ansatz wurden auch ethische Prinzipien formuliert, die von heute aus betrachtet deutlich als Vorläufer der klientenzentrierten Gesprächstherapie nach C. Rogers oder der Kommunikationstheorie nach Watzlawik (Watzlawik 1974) gelten können. In den Fallbeispielen der einschlägigen Lehrbücher (Kraus 1950, Kamphuis 1965, Perlman 1969) ging es dabei sowohl um Fälle, in denen Ämter aufgesucht wurden, um finanzielle Unterstützung zu erhalten (zumeist Mütter, die durch Scheidung in Armut gerieten), wie auch um Ehe- und Erziehungsprobleme.

In den Prinzipien des Casework wird die Achtung für die menschliche

Persönlichkeit betont, die Notwendigkeit der aktiven und selbstverantwortlichen Beteiligung des Hilfeempfängers sowie die Anerkennung menschlicher Verschiedenheit und die Selbsterkenntnis des Helfers (vgl. Hamilton in Kraus 1950, S. 47 ff.). Akzeptanz wird als die zentrale Voraussetzung für den Hilfeprozess verstanden, denn dieser soll das Wachstum der Persönlichkeit fördern. Er soll aber genauso auch Schwierigkeiten im „sozialen Funktionieren" beseitigen (Perlman in Kamphuis 1965, S. 29). Casework kann therapeutischen Wert haben, ist aber selbst keine Therapie.

Die Lehre vom Casework ist vor allem eine Lehre der professionellen Beziehungsgestaltung, weil Casework „die Beziehung als fundamentales Mittel" einsetzt." (Perlman 1969, S. 83) Anders als Ärzte oder Geistliche, die ebenfalls Menschen helfen wollten, haben Sozialarbeiterinnen aber nach Kamphuis eine *partnerschaftliche Beziehung* zum Klienten, die sie zwingt, die Hilfebeziehung gründlicher zu durchdenken als die erstgenannten Professionen:

> „Der Sozialarbeiter, der aufgrund von weltanschaulichen und pädagogischen Erwägungen ein Verhältnis, das von einer Machtposition ausgeht, ablehnt und auch nicht die magische Autorität des Arztes besitzt, ist tatsächlich gezwungen, das Gebiet der Beziehungen viel gründlicher zu erforschen. Übrigens meinen wir, daß alle Berufe, in denen der menschliche Kontakt eine Rolle spielt, Nutzen haben können von den Erkenntnissen, die von der Sozialarbeit in Bezug auf das Gespräch zusammengetragen wurden." (Kamphuis 1965, S. 88)

Professionelle Beziehungsgestaltung heißt die „Ich-Funktionen des Klienten" zu erhalten, zu ergänzen und zu stärken, heißt Probleme zu versachlichen, Fakten zu erhellen und zu dokumentieren und schließlich Entscheidungen begründet zu treffen (Perlman 1969, S. 107).

Dabei sollten Werturteile über den Klienten vermieden werden, ebenso eine „endgültige" Diagnose, diese sei vielmehr als dynamischer Prozess zu sehen, der jeweils eine konkrete Person in einer konkreten Situation beschreibt. So wie Menschen oft in eine negative „Kettenreaktion" durch viele hintereinanderfolgende Probleme geraten, so solle der Behandlungsplan des Casework die positive Kettenreaktion als Gegengewicht in Gang setzen (Kamphuis 1965, S. 43). Mittel um dies zu erreichen sind Ermutigung, Beratung, Informationsvermittlung, rationales Besprechen der Probleme, Grenzsetzung und Konfrontation mit der Realität. Die Gespräche haben aber auch die wichtige Funktion, eine Gelegenheit zum „emotionalen Abreagieren" für den Klienten zu schaffen (Kamphuis 1965, S. 46). Die Sozialarbeiterinnen bedienen sich im Casework ihrer Gefühle und ihrer Gesprächs- und Beziehungsfähigkeit. Um dies produktiv tun zu können, brauchen sie umfangreiches psychologisches und pädagogisches Wissen, das befähigt, vor allem Übertragungs- und Gegenübertragungsphänomene zu erkennen, aber auch einzusetzen. Sie sollten anders als in therapeutischen Gesprächen jedoch nicht offen zum Thema gemacht werden (Kamphuis 1965, S. 84 ff.). Um die Kommunikation zwischen den Helfenden zu verbessern und die Arbeit gut zu planen und auswerten zu können, sind Gesprächsberichte (Ergebnisprotokolle, Dokumentation von Entscheidungen) zu verfassen. Um die eigenen Urteile und Bewertungen zu objektivieren und Belastungen abzubauen, wird auf die herausragende Bedeutung von Supervision und kollegialer Beratung der Fälle hingewiesen (Kamphuis 1965, S. 92 ff.).

5.1.2 Sozialpädagogik und Sozialarbeit nähern sich an: Klaus Mollenhauers Theorie der Jugendhilfe

Der Pädagogikprofessor Klaus Mollenhauer beschäftigte sich bereits in seiner Dissertation von 1959 mit den „Ursprüngen der Sozialpädagogik" im 19. Jahrhundert. Seine 1964 erschienene „Einführung in die Sozialpädagogik" entwickelte die dort vertretenen Thesen weiter, dass die Jugendhilfe zwar als „Nothilfe" entstanden sei, dass sie aber eine notwendige Ersatzleistung der durch Industrialisierung hervorgerufenen Veränderungen der Familien- und Arbeitsstrukturen darstelle, die im 20. Jahrhundert zu einer normalen Sozialisationsinstanz geworden sei.

Sozialpädagogik und Sozialarbeit seien zwar aus unterschiedlichen Theorie- und Praxiszusammenhängen hervorgegangen, aber in der Struktur der Tätigkeit unterscheide sie kaum noch etwas. In seinem 1966 erschienenen Aufsatz „Was heißt Sozialpädagogik" (in: „Zur Bestimmung von Sozialpädagogik und Sozialarbeit in der Gegenwart" 1966, neu abgedruckt in: Mollenhauer 1998) beklagte er die Vieldeutigkeit des Begriffs der Sozialpädagogik, die als ein besonderes Erziehungs- und Bildungsideal, als „Anwendungslehre einer bestimmten Sozialethik", als „System einer Wissenschaft" oder als „spezieller Aspekt des Erziehungsgeschehens" verstanden worden sei (Mollenhauer 1998, S. 430). Mollenhauer schlägt dagegen vor, Sozialpädagogik als „Kunstwort" zur Bezeichnung eines „bestimmten, definierbaren institutionellen Zusammenhangs innerhalb unsres Erziehungssystems", nämlich der Jugendhilfe zu gebrauchen. Besonderheiten dieses Erziehungsfeldes sind, dass der Anlass der Maßnahme oft ein Konflikt ist und dass sich die Erziehungstätigkeit an der „subjektiven Erfahrungs- und Schicksalslage" eines Individuums orientiert. Sozialpädagoginnen handeln nicht in der Struktur der „kollektiven Lehre" (wie der Lehrer), sondern in einer Vielfalt von Formen und Methoden (v.a. Beratung, Mollenhauer 1998, S. 433). Betrachtet man nun diese Definition, so ist auch Sozialarbeit mit dieser zu erfassen, auch wenn es sich bei den Individuen um Erwachsene handelt, die keiner „Erziehung" im althergebrachten Sinne mehr bedürfen. Aber da Mollenhauer unter „Erziehung" sowieso ein nichtautoritäres Verhältnis versteht, das lediglich Lernprozesse in Gang setzen möchte (und dabei Sozialisationseinflüsse berücksichtigt), sieht er hier keine Gefahr der Bevormundung.

Unterschiede zwischen Sozialarbeit und Sozialpädagogik sind nach Mollenhauer also allein historisch zu verstehen, denn alle Praktiken der modernen Sozialarbeit trügen vorwiegend pädagogische Züge:

> „Der Katalog eines amerikanischen Lehrbuchs der Sozialarbeit birgt nur zwei Tätigkeiten des Sozialarbeiters unter insgesamt mehr als fünfzehn, bei denen der pädagogische Charakter fraglich ist: materielle Unterstützung und Altenhilfe." (Mollenhauer 1998, S. 435)

Darüber hinaus bezögen sich Sozialarbeit und Sozialpädagogik auf die gleichen wissenschaftliche Begründungen bzw. Disziplinen, Theoreme und hätten mit den gleichen Problemen und Aufgaben zu tun.

5.2 Entwicklung Sozialer Arbeit in der Deutschen Demokratischen Republik

In den 40 Jahren der getrennten deutschen Entwicklung gestaltete sich die Soziale Arbeit in der DDR gänzlich anders, da es im Zentralstaat DDR weder die Autonomie von Kommunen und Ländern noch die Arbeitsteilung zwischen freien und öffentlichen Trägern gab und die gesamte Wohlfahrtspflege sozialistisch umgestaltet wurde. Die öffentliche Erziehung – von der Krippen- und Kindergartenerziehung bis zur Jugendarbeit und Heimerziehung wurde verstaatlicht bzw. Parteiorganisationen der sozialistischen Einheitspartei (SED, Zusammenschluss von SPD und Kommunistischer Partei) überantwortet. So übernahm die 1946 gegründete Freie Deutsche Jugend (FDJ) sowohl Aufgaben der Jugendarbeit wie beispielsweise auch der Jugendvertretung in Betrieben.

5.2.1 Öffentliche Erziehung als Volksbildung

In der Jugendhilfeverordnung von 1966 wurde die Sorge für eine „positive Entwicklung von elternlosen und familiengelösten Kindern und Jugendlichen" ebenso wie die „vorbeugende Entwicklung der sozialen Fehlentwicklung Minderjähriger" einerseits zur grundsätzlichen gesellschaftlichen Aufgabe erklärt, andererseits wurden für die spezialisierten Aufgaben die Referate Jugendhilfe im Rahmen der *Volksbildung* zuständig, d.h. es fand nicht wie in der BRD eine Einbindung in den Sozial- und Wohlfahrtsbereich, sondern in den Schulbereich statt (Seidenstücker 1996, S. 518).

Diese Zuordnung zur Volksbildung lag darin begründet, dass der sozialistische Staat DDR einen besonderen Wert auf die „richtige" Erziehung legte, um eine Gefährdung seiner gesellschaftspolitischen Absichten auszuschließen. Die regierende Einheitspartei setzte darauf, einen Staat zu schaffen, in dem die fürsorgende Zuwendung zu Einzelnen als staatliche und gesellschaftliche Pflichtaufgabe verstanden wird, sodass es keinen Sonderbereich wie die Jugendhilfe mehr brauchte. Folgerichtig waren viele „Ehrenamtliche" in den Gremien der Jugendbetreuung tätig, allerdings waren sie Angehörige pädagogischer Berufe, die für diese Tätigkeiten vom Arbeitgeber freigestellt wurden.

Allerdings war die Heimerziehung nicht zu ersetzen. Für diese spezialisierten Aufgaben der Jugendhilfe war die Abteilung Jugendhilfe im Ministerium für Volksbildung zuständig. Gemäß der Vorstellung, dass „Kollektiverziehung" am besten die sozialistische Persönlichkeit prägt, wurde diese Erziehungsform nicht nur für die Schule, sondern auch für Familie und Heime vorgeschlagen (Mannschatz 1971).

Ähnlich wie in der Bundesrepublik kam es auch in der DDR in Kinder- und Erziehungsheimen zu Missständen, die teilweise auf ähnliche Ursachen (NS-Vergangenheit, totale Institution) zurückzuführen waren. In der DDR gab es jedoch bereits von Beginn an ein Verbot der körperlichen Züchtigung in Schulen und Heimen. Allerdings gab es auch hier die „Endstationen" für besonders schwierige oder oppositionelle Jugendliche, die „Jugendwerkhöfe" (Blask 1997), in denen es trotz des Verbotes zu Misshandlungen kam. Während die Erziehung in Bezug auf Sexualität freier war als in der BRD, herrschte Unfreiheit in Bezug auf Meinungsäußerung und politische Willensbildung.

Während in den Westzonen nach 1945 die 1933 verbotenen oder eingegliederten Jugendverbände ihre Arbeit wieder aufnahmen und ergänzt wurden durch offene „Jugendclubs" blieb man in der DDR bei dem Prinzip einer staatlichen Einheitsjugend, die sich als antifaschistische Jugend an den Idealen von Völkerfrieden und Humanismus orientierte. Die „Freie Deutsche Jugend" (FDJ), 1946 gegründet, wurde zur Parteijugend der SED und sollte den „klassenbewussten Sozialisten" erziehen. Zwar blieb die Teilnahme freiwillig, die Jugendlichen, die nicht in der FDJ organisiert waren (ca. 20%) hatten aber Nachteile im Bereich der Schul- und Ausbildung, insbesondere diejenigen, die sich in der kirchlichen Jugendarbeit engagierten. Im Rahmen der FDJ wurden klassische Jugendaktivitäten organisiert: Zeltlager, Jugendfahrten, Konzerte und gemeinsame kulturelle Aktivitäten. Da sich nach der Wende die FDJ auflöste, brach mit ihr auch fast die gesamte Jugendarbeit zusammen.

In der Familienpolitik sorgte die Einführung des Babyjahres (bei voller Lohnfortzahlung) sowie eine flächendeckende Versorgung mit Kindertagesstätten sowohl für die Bereitschaft zur Berufstätigkeit von Frauen wie für eine möglichst frühe sozialistische Erziehung im Sinne der SED. Das war auch einer der Gründe, warum die Ausbildung von Erzieherinnen und Hortnerinnen vom Status her den Lehrerinnen gleichgestellt war.

5.2.2 Staatliche Sozialfürsorge und Sozialkommissionen

Freizeit und soziale Aktivitäten wie auch soziale Hilfen und Unterstützungen wurden über die Betriebe (Betriebssozialarbeit) vermittelt. Einen besonderen Schwerpunkt legte die DDR auf den Einsatz von Fürsorgerinnen im Gesundheitswesen, die präventive und begleitende Aufgaben innehatten und im Rahmen von Einrichtungen der Volksbildung oder der Betriebe tätig wurden (so wurden Kinder in der DDR beispielsweise in den Betreuungseinrichtungen regelmäßig untersucht, u.a. auch geimpft) .

Da sich die DDR politisch auf die Lehren von Marx und Engels bezog, existierten offiziell keine sozialen Probleme, die im ökonomischen Bereich verursacht wurden. Die politischen Vertreter der DDR waren der Meinung, dass „Soziale Arbeit“ im Sinne von „Wohlfahrtspflege“ in einer klassenlosen Gesellschaft nicht mehr notwendig sei, da soziale Ungerechtigkeiten der Vergangenheit angehörten und Arbeitslosigkeit als Ursache der Armut nicht mehr existierte. Die Hilfe für Schwächere (Alte, Waise, Behinderte), also die „Fürsorge“ sollte gesamtgesellschaftlich getragen und von jedem Menschen in seiner persönlichen Lebensumwelt ehrenamtlich geleistet werden, nicht also durch spezielle Berufsgruppen (Seidenstücker 2001, S. 241).

Daher gab es auch keine Institutionen, die sich mit dem klassischen Bereich der „Wohlfahrtspflege“ beschäftigten, sondern lediglich eine Art Wohlfahrtsverband, die „Volkssolidarität“, die sich vorwiegend mit Problemen im Alter beschäftigte.

In jeder Gesellschaftsform, auch in der sozialistischen, bleibt jedoch eine Gruppe von Menschen, die sich materiell nicht selbst erhalten und die auch durch ihre Familien nicht unterstützt werden können: Kranke, Arbeitsunfähige, Mütter kleiner Kinder und andere. In der Nachkriegszeit und bis zum Ende der 60er Jahre waren Kriegsverletzte, Witwen und Waisen sowie Flüchtlinge in hoher Zahl auch in der DDR auf staatliche Unterstützung angewiesen. Allerdings war man bestrebt, die „Sozialfürsorge“ genannte Unterstützung zugunsten einer sozialistischen Arbeits- und Sozialpolitik zurückzudrängen. Ein Beleg hierfür ist die Eingliederung der früheren Wohlfahrtspflege zunächst in das Arbeitsministerium, (später in das Ministerium für Gesundheitswesen). Zwar hieß es in der Verfassung der DDR vom 7.10.49:

> „Soweit dem Bürger angemessene Arbeitsgelegenheit nicht nachgewiesen werden kann, wird für seinen notwendigen Unterhalt gesorgt." (zit.n. Willing 2008, S. 152)

In der Praxis wurde jedoch aus dem ebenfalls in der Verfassung garantierten Recht auf Arbeit die Pflicht zur Arbeit, über dessen „Angemessenheit" nicht der Bürger, sondern der Staat entschied: Frauen wurden zu Umschulungen gedrängt, sie sollten „ideologisch gestärkt" werden, um ihre „unmittelbare Teilnahme am gesellschaftlichen Leben zu fördern" (1. Fünfjahresplan, zit.n. Willing 2008, S. 260). Auch der Arbeitseinsatz behinderter Menschen in speziellen Arbeitsplätzen wurde massiv gefördert.

Über die Gewährung von Unterstützungsleistungen urteilten in der DDR mit Ehrenamtlichen besetzte Sozialkommissionen - eine Wiederbelebung des Elberfelder Systems, diesmal mit parteipolitischer Prägung durch die SED. Um die „bürgerliche" Wohlfahrtspflege zu überwinden, sollten mehrheitlich Arbeiter und vor allem SED-Mitglieder in den Kommissionen tätig sein. Zwar beschäftigten größere Städte zunächst weiterhin Fürsorgerinnen, aber sie wurden durch ehrenamtliche Kräfte unterstützt und sollten später weitgehend ersetzt werden. Die Unterstützungsleistung selbst sollte den ortsüblichen Monatslohn eines ungelernten Arbeiters nicht überschreiten und lag auf einem vergleichbaren, in den 60er Jahren eher höheren, in den 70er Jahren eher niedrigerem Niveau wie der Unterstützungssatz der BRD (Willing 2008, S. 156). Begründet wurde dies mit dem spezifisch sozialistischen Verhältnis von Individuum und Kollektiv: der einzelne sollte nur das beanspruchen dürfen, was die Gesellschaft zu geben in der Lage ist.

Eine Strategie, mit der Sozialfürsorge überflüssig gemacht werden sollte, lag neben der Zuständigkeit des Arbeitsamtes für die Arbeitsfähigen auch darin, die nicht Arbeitsfähigen nach ärztlicher Diagnose der „Einheitssozialversicherung" (Kranken-, Renten-, Unfallversicherung) zuzuweisen. Sozialämter sollten nur für einmalige Hilfen und für die „Asozialen" zuständig bleiben. Ehemalige Nationalsozialisten, Frauen von Inhaftierten und Westflüchtlingen erhielten grundsätzlich keine Sozialfürsorge, Opfer des Faschismus dagegen eine erhöhte Leistung.

5.2.3 Arbeitsanstalten für „Asoziale" und „Klassenfeinde"

Menschen, die Arbeit – aus welchen Gründen auch immer – verweigerten, galten als „Asoziale" und wurden in sozialistische Arbeitsanstalten, in „Heime für soziale Betreuung", eingewiesen, die größtenteils in den alten, auch in der NS-Zeit genutzten „Arbeitshäusern" eingerichtet waren (Willing 2008, S. 11).

Rechtlich war in der DDR eine Unterbringung von Prostituierten, „Trinkern" (Alkoholkranken), Bettlern, „Arbeitsscheuen" und Obdachlosen ähnlich wie in den Jahrzehnten zuvor auf Dauer möglich – eine repressive Praxis, die in diesem Punkt der erklärten Abgrenzung der DDR vom NS-Staat deutlich wiederspricht. In der Rechtfertigung der sozialistischen „Arbeitsanstalten" (insgesamt 10 mit rund 1.000 Insassen) in einem strafrechtlichen Lehrbuch von 1957 hieß es über die Insassen der Arbeitsanstalten, sie seien „Ausgeburten und Verfallserscheinungen der kapitalistischen Ausbeuterordnung", die bedauerlicherweise nicht automatisch mit der Errichtung des Arbeiter- und Bauernstaates verschwunden seien. Sie seien zuerst durch die NS-Zeit, danach von ausländischer Propaganda zu „arbeitsscheuen und asozialen Elementen" geformt worden. Besonders Prostituierte zögen ein „müheloses Schmarotzerdasein" der produktiven Arbeit vor und stellten einen „Rekrutierplatz des Klassenfeindes für seine verbrecherische Wühltätigkeit" dar (zit. n. Willing 2008, S. 216).

In den zu einem hohen Anteil von Frauen belegten Arbeitsanstalten gab es viele hygienische und personelle Mängel, willkürliche Strafen (Isolation und Essenskürzungen) und Gewalt. Die Probleme wurden zwar von der DDR-Regierung gesehen, wegen Kompetenzstreitigkeiten aber nicht abgestellt. Ziel der Unterbringung in Arbeitshäusern war die sogenannte Arbeitserziehung, die „Umerziehung" durch das Arbeitskollektiv, ein Ziel das nach Einschätzung der Behörden jedoch nur selten erreicht wurde.

Nach dem Mauerbau wurde es möglich, nicht nur „Arbeitsbummelanten", sondern auch „Hetzer", „Provokateure", „Uneinsichtige" und andere „Störer" der sozialistischen Ordnung (in der zeitgenössischen Literatur auch „Schmarotzer“ und „Parasiten“ genannt) zu „Arbeitserziehung“ zu verurteilen und in eine Arbeitsanstalt einzuweisen (Willing 2008, S. 251). Ende der 60er Jahre liberalisierte sich der Umgang etwas, die „Heime für soziale Betreuung“ wurden abgeschafft. Die Möglichkeit „Asoziale“ ohne Vorliegen eines weiteren Straftatbestandes zu einer Haftstrafe zu verurteilen, blieb jedoch bis zum Ende der DDR bestehen.

So bestätigte das DDR Strafrecht von 1968 den „Asozialenparagraph“ und nannte als vorrangige Zielgruppe „hartnäckige Arbeitsverweigerer“ und Prostituierte. In der Praxis wurde der Kreis der „Asozialen jedoch erweitert. Auch Punker, „Tramps“ („Vagabunden“) und „Beatler“, „Ausreisewillige“, Drogenabhängige, Homosexuelle, Eltern, die ihre Kinder vernachlässigten und „Unterhaltsverletzer“ wurden nach diesem Paragraphen verurteilt. Ein Teil dieser Personengruppe wurde auch in die Psychiatrie eingewiesen, u.a. weil gegen Ende der 70er Jahre diese Institution als möglicherweise erfolgreichere zur „Behandlung“ von „Asozialen“ gesehen wurde (Willing 2008, S. 316).

Die Drohung mit Inhaftierung und Zwangseinweisungen führte vor allem auch dazu, dass sich bestimmte Personengruppen nicht an den Staat um Unterstützungsleistungen wandten, aus der berechtigten Sorge heraus, möglicherweise als „asozial“ verurteilt zu werden. Von 1970 bis 1989 sank die Anzahl der Empfänger von Sozialfürsorge von 56.966 auf 5.535 Personen, d.h. auf ein Zehntel (Seidenstücker 2001, S. 235). Ganz im Gegensatz zur Situation nach der Wende, war der Bezug von Sozialhilfe in der DDR eine große Seltenheit gewesen.

5.2.4 Die Volkssolidarität (VS) und die konfessionelle Wohlfahrtspflege

Die Volkssolidarität wurde 1945 zunächst als „integrierende Volksbewegung“ (Hübner 2008, S. 14) gegründet, der auch noch die konfessionellen Verbände angehörten. Letztere zogen sich nach Konflikten mit der SED jedoch bald aus dem Bündnis zurück. Ab 1951 entwickelte sich die „Volkssolidarität“ zum Wohlfahrtsverband der SED, später zu einer sozialistischen Massenorganisation. Im Rechenschaftsbericht der Volkssolidarität hieß es 1951, sie hätte den „allgemein-fürsorgerischen Charakter der sozialen Arbeit“ verlassen und sich sozialer Aufgaben angenommen, die auf die Erfüllung der Wirtschaftspläne und der „nationalen und internationalen Solidarität“ abzielten. Um die ehren- und hauptamtlichen „Funktionäre“ der Volkssolidarität für ihre Arbeit zum „Aufbau des Sozialismus“ „umzuerziehen“ wurde 1951 eine Schule der Volkssolidarität eingerichtet. Sie sollte die Helferinnen und Helfer, die „Volkshelfer“, vor allem davon überzeugen, dass es sich bei der Arbeit der Volkssolidarität nicht um eine fürsorgerische, sondern eine politische Tätigkeit handelt (Willing 2008, S. 232).

Zunächst kümmerte sich die Volkssolidarität um die Betreuung von „Veteranen“, leistete „Hauswirtschaftspflege“ (ambulante Betreuung v.a. älterer Bürger), Kinderlandverschickung, die Organisation von Tauschzentralen, die Unterhaltung von Bahnhofsdiensten und um Katastrophenhilfe, d.h. sie widmete sich einem ähnlichen Aufgabenspektrum wie zuvor die NSV. Mit der wirtschaftlichen Erholung wurde die Volkssolidarität zunächst bedeutungslos, übernahm dann jedoch den gesamten Bereich der Altenbetreuung. Die Missstände in den staatlichen Feierabend- und Pflegeheimen (personelle, hygienische und bauliche Mängel) wurden parteiintern immer wieder thematisiert, gerade auch, weil die Betreuung der „Veteranen der Arbeit“ für die SED eine besondere propagandistische Bedeutung gegenüber der BRD besaß, zu der man sich in ständiger „Systemkonkurrenz“ befand. Um dem Heimplatzmangel zu begegnen, versuchte man die „Hauswirtschaftpflege“ der Volkssolidarität zu einer zentralen Dienstleistung im Bereich der ambulanten Altenbetreuung und -pflege, auch in Klubs und Treffpunkten, auszubauen

Ähnlich wie auch in der NS-Zeit blieb den Kirchen neben einigen Altenheimen, Krankenhäusern und wenigen Kindergärten vor allem die Arbeit mit den behinderten Menschen. Einige der im Nationalsozialismus enteigneten bzw. beschlagnahmten Einrichtungen waren nach 1945 in der Ostzone, anders als in den Westzonen, nicht zurückübertragen worden, sondern blieben in staatlicher Verwaltung (Hübner 2008, S. 13). Einerseits wurden die finanziellen Spielräume von Diakonie und Caritas beschränkt (Kirchensteuer wurde ab 1956 nicht mehr über die Finanzämter eingezogen), andererseits wurde (zumindest nach anfänglicher Konfrontation im Kalten Krieg) aus pragmatischen Gründen toleriert, dass über die kirchlichen Wohlfahrtsverbände eine große Menge an Finanz- und Sachmitteln aus dem Westen für die Soziale Arbeit der Kirchen transferiert wurde. Auch unterhielt besonders die zahlenmäßig bedeutsamere Diakonie eigene Ausbildungsinstitutionen der Sozialen Arbeit, deren Abschlüsse zwar staatlich nicht anerkannt waren, die aber qualitativ oft besser waren, als die vergleichbaren Fachschulabschlüsse der staatlich examinierten Kindergärtnerinnen, Horterzieherinnen, Heimerzieher, Sozialfürsorgerinnen, Gesundheitsfürsorgerinnen, Jugendfürsorger und Jugendclubleiter. Die kirchlichen Abschlüsse wurden daher nach der Wende im Gegensatz zu den staatlichen in der Bunderepublik anerkannt. Auch war die Motivation der Mitarbeiter und Mitarbeiterinnen oft höher, da sie sich im Bewusstsein der Nachteile, die ein kirchliches Engagement in der DDR hatte, für eine Ausbildung und Arbeit in einer christlichen Institution entschieden hatten.

Aus einigen traditionellen Gebieten der christlichen Wohlfahrtspflege, besonders der „Gefährdetenfürsorge" (Betreuung von Alkoholkranken und Strafgefangenen, bzw. -entlassenen) wurden die Kirchen verdrängt. Diese Arbeit sollte vor allem ehrenamtlich erfolgen, was zu einem starken Qualitätsverlust der Arbeit führte (für Willing ist dieser Qualitätsverlust, auch in der Betreuung der Sozialfürsorgeempfänger geradezu ein Charakteristikum des Sozialwesens in der DDR, Willing 2008, S. 367).

Fazit

Während in der Bundesrepublik das in der Weimarer Zeit aufgebaute Verhältnis von freien und öffentlichen Trägern wiederbelebt wurde, schuf der sozialistische Staat in der DDR parteigebundene Organisationen, die die Rolle der „ehrenamtlichen" Arbeit einnahmen (FDJ, Volkssolidarität etc.).

In der historischen Aufarbeitung der Sozialfürsorge des DDR-Staates sprechen einige Publikationen von einer „Fürsorgediktatur", die nur scheinbar die soziale Gerechtigkeit – etwa durch das 1976 (ab dem dritten, 1986 ab dem ersten Kind) eingeführte Babyjahr bei vollem Lohnausgleich und die Krippenplätze – befördern wollte, in Wahrheit aber lediglich an der Entmündigung ihrer Bürger arbeitete. Einig sind sich die Autoren darin, dass es sich um eine autoritäre und planwirtschaftlich organisierte Rund-Um-Versorgung der Bürger gehandelt hat. Nach Willing ist die Fürsorge der DDR am besten mit dem Wort „vormundschaftlicher Wohlfahrtsstaat" beschrieben (Willing 2008, S. 3). Dieses System stellt einen Sonderweg in der deutschen Entwicklung der Wohlfahrtspflege dar, der nach der deutschen Wiedervereinigung wieder verlassen wurde. Allerdings lassen die Hartz IV-Gesetzgebung (Vereinigung der Sozial- und Arbeitsverwaltung) und das Erziehungsgeld deutlich Tendenzen in der aktuellen Sozialpolitik erkennen, die auch die DDR-Sozialpolitik prägten.

Im Westen wurden zeitgleich mit Verzögerung neue, demokratische Methoden „wiederentdeckt", wenn auch in der Praxis noch nicht überall umgesetzt. Diese fachlichen Standards werden später durch die z.T. ideologisch geführte Debatte gegen die „entpolitisierende" Einzelhilfe Anfang der 70er Jahre wieder preisgegeben (vgl. Kapitel 6).

Quellentipp und Vorschlag zur Diskussion

Die oben vorgestellten Prinzipien des Casework (Perlmann1969, S. 191-210; Krauss 1950, S. 47-55; Kamphuis 1965, S. 58-91) können sowohl mit der „Kunst des Helfens" von Alice Salomon wie auch mit der Kritik von Marianne Meinhold an der Einzelhilfe (Reduktion auf „soziales Funktionieren") verglichen werden (Hollstein/Meinhold 1973, S. 208-239). Auch ein Vergleich mit den heutigen Prinzipien des Case-Managements bietet sich an.

Darüber hinaus lassen sich die Entwicklungen in der ehemaligen DDR vergleichen mit den bei Marx formulierten Hoffnungen auf eine klassenlose Gesellschaft, in der es keine Armut mehr geben und in der keine Wohlfahrtspflege mehr notwendig sein würde. Hatten sich die Hoffnungen erfüllt (Seidenstücker 1996, 2001)? Auch können die Organisation und das Ziel der Staatsjugend FDJ mit der Entwicklung der Jugendarbeit in der BRD, sowie mit Organisation und Ziel der HJ verglichen werden (Giesecke 1971, 1983).

6. Politisierung und Demokratisierung (1969-1989)

Ende der 60er Jahre kam es in allen westlichen Industrienationen zu einer jugendlichen Protestbewegung gegen Konsumorientierung, imperialistische Kriege und Ausbeutung der sog. Dritten Welt. Auslöser war der US-amerikanische Krieg in Vietnam, aber auch die Solidarität mit Befreiungsbewegungen (Stadtguerilla) in Lateinamerika und Afrika, die Unabhängigkeit von den alten Kolonialmächten erkämpften. Der vorwiegend von Studierenden getragene Protest richtete sein Augenmerk bald auch auf innenpolitische Ungerechtigkeiten. Die Werke von Karl Marx und Sigmund Freud wurden neu entdeckt, die Arbeiten der Frankfurter Schule (Kritische Theorie) in Deutschland stark rezipiert. Eine erste Generation von jungen Menschen war herangewachsen, die das Dritte Reich selbst bewusst nicht mehr miterlebt hatte und die das gesellschaftlich vereinbarte Schweigen über Mittäterschaften brach.

Nachdem während einer Demonstration gegen Menschenrechtsverletzungen in Persien ein Student in Berlin von einem Polizisten getötet worden war, eskalierte die Situation: ein Teil der neuen Linken radikalisierte sich, einige wenige gingen Anfang der 70er Jahre in den Untergrund (Rote Armee Fraktion, RAF), andere organisierten sich in linken Splittergruppen, die sich teils am sozialistischen Modell Chinas, teils an der UDSSR, teils an „undogmatischen" Theorien orientierten.

Die Soziale Arbeit wurde in den 70er Jahren stark von dieser Bewegung beeinflusst, u.a. weil die neu entstandenen „Fachhochschulen für Sozialarbeit/Sozialpädagogik" (ab 1971 – Höherstufung der alten Wohlfahrts- und Jugendleiterinnenschulen) viele sozial engagierte Studierende anzog.

6.1 Deutung sozialer Probleme als Folge ungerechter gesellschaftlicher Verhältnisse

Ein neues Deutungsmuster für die Erklärung sozialer Probleme wurde nun vorherrschend: die Zugehörigkeit zu einer sozialen Randgruppe wurde nicht als persönliche Schwäche (des Willens oder der Gene) oder als Anpassungsproblem gedeutet, sondern als Folge von Ausgrenzungsprozessen, die durch die kapitalistische Gesellschaftsordnung systematisch produziert wurden. Abweichendes Verhalten war daher gesellschaftlich verursacht, nicht persönlich zu verantworten, ja, Nicht-Anpassung wurde nun sogar als Zeichen des berechtigten Protestes gegen eine ungerechte Ordnung betrachtet.

In den Randgruppen (Obdachlose, Straftäter, Fürsorgezöglinge etc.) sahen viele „linke" Studierende und sozial Arbeitende das revolutionäre Potential, da diese – so die These – am meisten durch einen Umsturz des alten Systems gewinnen könnten, denn die Arbeiterklasse war bereits durch die Teilhabe am Wohlstand korrumpiert.

Diese „Randgruppenstrategie" scheiterte jedoch schon sehr bald an den realen Bedürfnissen der Klienten Sozialer Arbeit. Denn diese wollten nicht vorrangig Überwindung des kapitalistischen Staates, sondern erst einmal die Teilhabe an den gesellschaftlichen Gütern, über die die meisten Studierenden als Angehörige der privilegierten gesellschaftlichen Schichten bereits verfügten. Auch erwiesen sich die Angehörigen der „Randgruppen" (zumindest in den Augen der Studierenden) als zu „undiszipliniert" für den revolutionären Kampf.

Im Bereich der Theoriebildung gab es verschiedene Ansätze, die sich mit antikapitalistischer Sozialarbeit beschäftigten. Einen davon stellte Karam Khella 1975 in seinem Buch „Theorie und Praxis der Sozialarbeit und Sozialpädagogik" vor. Er vertrat hier die These, dass mit dem „doppelten Mandat" nicht der Konflikt zwischen Interessen von Klient und Sozialverwaltung oder Trägern beschrieben werden sollte, sondern der Konflikt zwischen den „Verwertungsinteressen des Kapitals und den Bedürfnissen der ausgebeuteten und unterdrückten Massen" (Khella 1975, S. 151). Eine fortschrittliche Sozialarbeit müsse als „Bestandteil des Massenkampfes“ geführt werden, und zwar mit den Ziel, den Klienten in den „ökonomischen, sozialen, gewerkschaftlichen, politischen und kulturellen Zusammenhang seiner Klasse, aus der er herausgefallen war“, zurückzugliedern. Richtige Methoden dafür seien Öffentlichkeits- und Gemeinwesenarbeit. Therapeutische Methoden dürften nur angewendet werden, wenn sie zur „Mobilisierung und Politisierung des Klienten führen“ (Khella 1975, S. 152, 155). Die sozialpädagogische Ausbildung sollte Kenntnisse über die Arbeiterklasse und Systemvergleiche zwischen der BRD und den „Volksrepubliken“ beinhalten, da dort viele Probleme, welche in der kapitalistischen Gesellschaft vorkommen, nicht existierten (Khella 1975, S. 158).

Im Folgenden soll die Argumentation von Hollstein/Meinhold, die in eine ähnliche Richtung ging, etwas ausführlicher dargestellt werden.

6.1.1 Walter Hollstein und Marianne Meinhold: Sozialarbeit unter kapitalistischen Produktionsbedingungen

In seinem Aufsatz „Sozialarbeit im Kapitalismus. Themen und Probleme“ entfaltete Walter Hollstein 1973 eine grundsätzliche Kritik an der Funktion der behördlichen Sozialarbeit. Dem Sozialarbeiter falle dort die Rolle zu, „Agent und Repräsentant des herrschenden Staates“ zu sein und dafür zu sorgen, dass das bestehende System „materiell und ideologisch“ reproduziert werde. Es gehe in der Sozialarbeit gar nicht um die wirklichen Bedürfnisse der „Betroffenen“, sondern um Kontrolle und Unterdrückung abweichenden Verhaltens (von Obdachlosen z.B.). Diese Bedürfnisse könnten im Kapitalismus nur *gegen* die offiziellen Institutionen, d.h. gegen den „Staatsapparat“ durchgesetzt werden. Wirkliche Impulse für Veränderung der gesellschaftlichen Verhältnisse und der Sozialarbeit könnten nicht von dort, sondern nur von den „Opfern“ ausgehen (Hollstein 1973, S. 4).

Schlimmer als die Wirkungslosigkeit der Sozialarbeit ist nach Hollstein die Tatsache, dass Sozialarbeit geradezu verhindert, dass eine Hilfe zur Abhilfe wird. In aktuellen Theorieansätzen (Röhrs, Lattke) werde dies ebenso deutlich wie in dem Ablauf der „bürokratisch-juristisch versachlichten" Hilfen. Ziel sei dabei stets eine Anpassung an ungerechte Verhältnisse. Dies werde aber durch die *Ideologie der Dienstleistung* verschleiert, während die Armut – zumindest die Schere zwischen Reich und Arm – größer werde (Hollstein 1973, S. 25). Die einzige Möglichkeit einer nicht-systemstabilisierenden Sozialarbeit sei die Hilfe zur *Selbstorganisation* (Hollstein 1973, S. 43). Offizielle Sozialarbeit dagegen stigmatisiere die Klienten, zerstöre ihre Identität und ihre Selbstbestimmungsrechte. Um diese These zu stützen, zitiert Hollstein aus verschiedenen Akten aus Jugendämtern, in denen gefordert wird, Jugendliche konsequent und zielstrebig und „mit ganz strammer Hand" in eine „feste Ordnung" einzufügen und sie damit auf „die rechte Bahn" zu lenken (Brusten, zit. n. Hollstein 1973, S. 196).

In Weiterführung dieser Kritik behauptete Meinhold, dass gerade die moderne Form des Casework (Einzelhilfe) zur Psychologisierung und Individualisierung gesellschaftlich produzierter Probleme beisteuere. Da diese psychoanalytisch und non-direktiv orientiert sei, könne sie die wirklichen Probleme nicht lösen, sondern ziele lediglich auf eine Einstellungsänderung des Klienten ab (Meinhold 1973, S. 209). Auch zeigten sich in der Beurteilung des Klienten Bruchstücke bürgerlicher Ideologie.

6.1.2 Sozialarbeit in der feministischen Kritik

Während die antikapitalistische Sozialarbeit in den ökonomischen Besitzverhältnissen und der daraus resultierenden Spaltung in Arbeiterklasse und Bürgertum die grundlegende Ursache sozialer Probleme sah, stellte die neu beginnende Frauenbewegung die These auf, dass die Ungerechtigkeiten der Gesellschaft vor allem durch patriarchalische Machtverhältnisse bestimmt seien. Nicht der Widerspruch zwischen Kapitalisten und Arbeitern, sondern der zwischen Männern und Frauen sei grundlegend. Frauenunterdrückung sei nicht (wie Marx behauptet hatte) ein „Nebenwiderspruch", sondern eine zentrale Herrschaftsform, die andere Unterdrückungsverhältnisse (z.B. gegenüber Kindern) nach sich ziehe (Schwarzer 1981).

Sozialarbeit wurde in dieser Perspektive gänzlich anders kritisiert: nicht die Verlängerung ausbeuterischer Besitzverhältnisse schien das zentrale Problem, sondern die Ausbeutung weiblicher Arbeitskraft für die Aufrechterhaltung des inneren Friedens und die Fixierung der Frau auf eine ohnmächtige Rolle durch ein spezifisches Ethos der Sozialen Arbeit als Frauenberuf. Nicht nur privat, sondern auch öffentlich würden Frauen in eine unterdrückte Position als Hausfrau und Mutter gezwungen. Sozialarbeiterinnen seien daher die „weiblichsten“ Frauen der Nation, weil sie ständig für die Bedürfnisse anderer zur Verfügung stünden (Sozialarbeiterinnengruppe Frankfurt 1978; Riemann 1985).

Die Probleme, für die Sozialarbeiterinnen eingesetzt wurden, identifizierten die Kritikerinnen ebenfalls als Folge patriarchalischer Unterdrückung, so die Gewalt gegen Frauen und Kinder oder die Kontrolle unangepassten Verhaltens von Hausfrauen und Müttern durch die Fürsorge (Hagemenann-White 1981). Von dieser Position aus wurden im historischen Rückblick auch die Vorstellungen der ersten deutschen Frauenbewegung kritisiert, da diese von einer „natürlichen“ Berufung der Frau zum Helfen durch ihre „Mütterlichkeit“ gesprochen habe.

6.1.3 Von der Stigmatheorie zum „labeling approach“

Sowohl die antikapitalistische wie die feministische Kritik der Sozialarbeit ging davon aus, dass es sich bei sozialen Problemen um gesellschaftlich hervorgerufene und nicht individuell verursachte handelt. Unterstützt wurde diese Denkrichtung durch neuere sozialpsychologische Forschungen, die das beobachtbare Verhalten von Menschen als eine direkte Folge von Zuschreibungsprozessen seiner Umwelt interpretierten. Stigmatisierte Personengruppen – so die These von Goffman (1967) – würden erst durch die Erwartungshaltung der Umwelt zu Randgruppen gemacht, indem diese die negativen Bewertungen der anderen in ihr Selbstbild integrierten und sich dann dementsprechend verhielten. Abweichendes Verhalten, d.h. kriminelles, sexuell auffälliges oder sogar „verrücktes“ Verhalten ist demnach die direkte Folge des „labeling“-Prozesses, das heißt eines Vorgangs, in dem soziale Instanzen und Institutionen einem Menschen ein Etikett aufdrücken. Für die Soziale Arbeit hieß diese These, dass sie viele der Probleme, die sie vorgab zu beseitigen, erst durch die Benennung des Problems hervorrief.

Nach Sack verschärft also beispielsweise die Etikettierung eines Jugendlichen als „Verbrecher“ dessen Problem, anstatt es zu lösen. Wenn er z.B. aus Neugier oder um Aufmerksamkeit zu erlangen, einmal gestohlen hat, so gerät er durch die abwertenden Reaktionen der Instanzen der sozialen Kontrolle (Jugendamt) in einen Teufelskreis und nähert sich in seinem Verhalten immer mehr dem „label“ an, d.h. er stiehlt dann, weil ihm sowieso niemand mehr glaubt, dass er es lassen könnte, und um die Entwertung seiner Person zu kompensieren. Der Jugendliche hat dann das „Verbrecher-Sein“, also das Fremdbild in sein Selbstbild aufgenommen (Sack 1968).

Wenn man dieser These folgt, muss Soziale Arbeit sich davor in Acht nehmen, Klienten „abzustempeln“ oder in „totalen Institutionen“ mit Anstaltscharakter zu verwahren (denn das hat nach Goffman 1973 gleiche Folgen). Ein stigmatisierender Umgang raubt den Klienten nicht nur die Menschenwürde, sondern verhärtet unnötigerweise ihre Probleme.

Die oben genannten drei Theorieentwicklungen haben zu einer notwendigen Selbstreflexion professioneller Helferinnen und Helfer geführt, die sich im Folgenden auch auf die Institutionen der Sozialen Arbeit und auf die Begrifflichkeiten (Klient, Adressat) auswirkte.

6.2 Bewegungen in den einzelnen Handlungsfeldern

Wie immer in Zeiten der Reform standen hinter den Veränderungen nicht nur neue theoretische Einsichten, sondern auch aktive und vielfältige soziale Bewegungen (Friedens-, Frauen- Ökologie-, Selbsthilfebewegung), die in den 70er Jahren entstanden und sich in den 80er Jahren entfalteten.

6.2.1 Kinderladenbewegung

Die politisch engagierte 68er-Generation war selbst als Kind noch sehr autoritär erzogen worden; ihre Kinder jedoch sollten in den Genuss einer freien, einer *antiautoritären* Erziehung kommen. Antiautoritär hieß Kreativität und Spontaneität statt Disziplin, hieß Eigeninitiative statt Gehorsam und Freude am Körper statt Sexualfeindlichkeit (Neill 1969). Die traditionellen Kindergärten und das dortige Personal schienen diesen Anforderungen nicht gerecht werden zu können. Deshalb eröffneten Elterninitiativen private Kindergruppen – oft in alten Tante-Emma-Läden, daher der Name Kinder*laden*. Dort betreuten sie selbst und/oder angestellte Pädagoginnen die Kinder. Aus diesen Kinderläden entwickelten sich im ganzen Bundesgebiet, in Großstädten und im akademischen Milieu „Kindergruppen“ als Alternative zum Kindergarten, die sich durch ihr pädagogisches Konzept, ihre Elternmitarbeit und ihre längeren Öffnungszeiten bis heute vom Kindergarten unterscheiden.

6.2.2 Heimkampagnen und Heimreform

Ausgelöst durch die Studentenbewegung kam es zu verschiedenen Unruhen in Erziehungs- und Lehrlingswohnheimen, die im Juni 1969 in der sog. „Staffelbergkampagne“ gipfelten. Erst 1961 war das Fürsorgeerziehungsheim Staffelberg nahe Frankfurt als europäisches Musterheim gegründet worden. Die „Zöglinge“ und die sie unterstützenden Studenten kritisierten jedoch die Nicht-Einlösung von gleichen Chancen in Bildung und Ausbildung, darüber hinaus Isolation, Nichtbeachtung der grundgesetzlich verankerten Rechte, mangelnde Sexualerziehung, unzureichendes und schlecht ausgebildetes Personal und einen autoritären und repressiven Erziehungsstil (Almstedt/Munkwitz 1982, S. 31).

Im Rahmen der „Randgruppenstrategie“ organisierten die Studierenden Fluchten nach Frankfurt. Bundesweit engagierten sich bald Studierende für die Fürsorgezöglinge, die manchmal in Wohngemeinschaften, manchmal in besetzten Häusern (wie dem Berliner Georg-von-Rauch-Haus) wohnten:

> „Das ... Haus wurde von Jugendlichen besetzt, von denen viele jahrelang in Heimen gelebt hatten, dort immerzu unterdrückt wurden. Deshalb sind viele dort abgehauen und sind dann wochenlang rumgegammelt. (...) Viele Mädchen gingen auf den Strich. Viele von ihnen wohnen jetzt bei uns im Haus. Die meisten sind jetzt legalisiert. Wir haben drei Sozialarbeiter im Haus. Zuerst waren es die Sozialarbeiter allein, die versucht haben, die Trebegänger zu legalisieren. Dann kamen wir drauf, daß sie das alleine nicht schaffen können. Wir halfen ihnen, indem wir, wenn es etwas mit den Eltern zu besprechen gab, zu mehreren hingingen, denn mit mehreren konnten wir die Eltern besser überzeugen. Wir erklärten ihnen, wie es bei uns im Haus läuft und daß es doch besser ist, wenn ihr Kind bei uns wohnt. Im Heim würden sie doch bald wieder abhauen. Doch bei uns im Haus bleiben sie, denn bei uns werden sie nicht unterdrückt. Sie können endlich ihre Meinung sagen. Die Sozialarbeiter regeln es dann noch mit der Fürsorge.“ (aus einem Flugblatt, zit. n. Jugendzentrum Kreuzberg e.V. 1972, S. 41)

Aus diesen Initiativen entstanden bald die ersten „Jugendwohnkollektive“. Das Ideal der Jugendlichen und der dort tätigen Pädagoginnen war ein gemeinsames Leben, Wohnen und Arbeiten – kein Schichtdienst, keine Arbeitsteilung, sondern gemeinsames Bewältigen des Alltags. Aus den Kollektiven entwickelten sich später im ganzen Bundesgebiet Jugendwohngemeinschaften, die heute zum normalen Angebot vieler Jugendhilfeeinrichtungen gehören.

6.2.3 Jugendzentrumsbewegung

Auch im Rahmen der Jugendarbeit wuchs der Unmut über die als konservativ erlebten Angebote und den bevormundenden Erziehungsstil in den Jugendhäusern. Viele alternative Einrichtungen entstanden neben den etablierten oder dort, wo es bisher keine Angebote gab.

Zentraler Unterschied zu den „Häusern der Offenen Tür“ der Städte oder Kirchengemeinden war die *Selbstverwaltung* in diesen Häusern, die mit dem politischen Anspruch verknüpft war, die Jugendlichen selbst bestimmen zu lassen, wie sie ihre Freizeit, aber auch ihre politischen Aktionen gestalten wollten. Die politischen Aktionen haben vielerorts zu großen Auseinandersetzungen geführt (bspw. im Fall des KOMMs in Nürnberg). Nichtsdestotrotz sind viele dieser Einrichtungen später in kommunale Trägerschaft übergegangen – meistens wenn der Gründergeneration weniger engagierte Jugendliche folgten.

6.2.4 „Krüppelbewegung“

Auch im Bereich der Behindertenarbeit ergriffen zunehmend die Betroffenen selbst das Wort und forderten mehr Selbstbestimmung in den Heimen, z.B. die Möglichkeit, ihre Sexualität zu leben sowie Abbau von Barrieren im Alltag (z.B. sinnbildlich die hohen Bordsteinkanten, die Rollstuhlfahrern das Leben schwer machen). Im UNO-„Jahr der Behinderten“ 1981 störten sie erfolgreich verschiedene offizielle Aktionen, um auf die Entmündigung hinzuweisen, die schon darin bestand, dass *über sie,* aber vielfach *nicht mit ihnen* geredet wurde. Sie nannten sich „Krüppel“, um damit selbstbewusst, die als Diskriminierung gemeinte Bezeichnung umzuwerten und hielten u.a. ein „Krüppel-Tribunal“ ab:

> „Wer zu mehr ‚Herz für Behinderte‘ auffordert und vorgaukelt, ein ‚miteinander leben – einander verstehen‘ sei unter den derzeitigen politischen Bedingungen in diesem unserem Lande möglich, lügt. Um die tatsächlichen Zustände beim Namen zu nennen, nannten wir das Tribunal auch Krüppeltribunal: zwar wurde nach 1945 der Begriff Krüppel durch den menschlicher klingenden Begriff Behinderte ersetzt, an der Diskriminierung, Entrechtung und Unterdrückung der so Umbenannten hat sich jedoch nichts geändert.“ (Daniels 1983, S. 10)

6.2.5 Strafvollzugsreform

Nach langen Debatten über eine Humanisierung und Demokratisierung des Strafvollzuges trat am 1.1.1977 das Strafvollzugsgesetz in Kraft, das gegenüber den früheren Verwaltungsvorschriften in diesem Bereich den *Resozialisierungsgedanken* in den Vordergrund stellte.

Die Fähigkeit, „künftig ein gesetzmäßiges und geordnetes Leben zu führen“ (§ 3, Abs. 1), sollte gefördert werden durch Ausbildungs- und Therapieangebote sowie durch soziale Dienste. Allerdings wird der Sinn der Strafe im Gesetz neben dieser „Spezialprävention“ auch in dem Schutz der Allgemeinheit vor weiteren Strafen („Generalprävention“) gesehen. Daher müsse der Strafvollzug durchaus auch abschreckende Wirkung haben. Mit diesem Grundkonflikt haben die sozialen Dienste im Strafvollzug bis heute zu tun.

6.2.6 Sozialpsychiatrie

Schon in den 20er Jahren hatte es Ansätze einer „offenen Irrenfürsorge“ (Gustav Kolb) und einer „aktivierenden Krankenbehandlung“ (Hermann Simon) gegeben, die allerdings in der NS-Zeit zunichtegemacht worden waren. In der Nachkriegszeit stand dann v.a. der Einsatz von weiterentwickelten Psychopharmaka im Vordergrund. Daneben gewannen begleitende Behandlungen (Ergo- und Bewegungstherapien) an Bedeutung.

Aber erst die Psychiatrie-Enquete von 1970 brachte die noch immer desolate Lage in den Psychiatrien in das öffentliche Bewusstsein: zu wenige Ärzte, Behandlungen gegen den Willen der Patienten, bauliche Mängel, Überbelegung. Zeitgleich wurden die Reformen des italienischen Psychiaters Franco Basaglia (1924-1980) in Deutschland zunehmend publik, der in Triest die Anstalten zugunsten einer gemeindenahen, demokratischen Betreuung (Gemeindepsychiatrie) aufgelöst hatte. Daraufhin entwickelten sich in vielen Städten sozialpsychiatrische Vereine, die *Wohn- und Arbeitsmöglichkeiten* für psychisch Kranke zur Verfügung stellten und so eine Alternative zur Institution Psychiatrie boten. Die Betreuungsarbeit in diesem Rahmen erfolgte nicht mehr vorrangig durch Ärzte, sondern durch soziale Professionelle, die daneben auch zunehmend innerhalb der Psychiatrie eingestellt wurden.

6.2.7 Suchthilfe

Durch ein Urteil des Bundessozialgerichts vom 21.6.1968 wurde Alkoholismus erstmals als Krankheit anerkannt. Im Zusammenspiel mit dem zur gleichen Zeit auftretenden neuen Drogenproblem (Cannabis,

Heroin) entstanden in der Folge neue Formen der Suchthilfe, in denen die Sozialen Berufe eine herausragende Stellung einnahmen, da allgemein anerkannt wurde, dass psychosoziale Probleme als Auslöser und Folgen von Sucht eine besondere Bedeutung haben. Neben spezialisierten Drogen- und Alkoholberatungsstellen entstanden Abteilungen für Suchtkranke in Psychiatrien mit integrierter Sozialtherapie.

Daneben wurde den Lebenslagen vieler Suchtkranker durch Streetwork und akzeptierende Drogenarbeit Rechnung getragen. Auch die aus den USA kommenden und bereits ab den 60er Jahren in vielen deutschen Städten gegründeten „Anonymen Alkoholiker" sind heute aus der Hilfelandschaft für alkoholkranke Menschen nicht mehr wegzudenken.

6.2.8 Frauenhaus und Frauenberatung

Während die Frauenbewegungen des 19. Jahrhunderts vor allem Bildungs- und politische Teilhaberechte eingeklagt hatten, entzündete sich die neue Frauenbewegung nicht nur in Deutschland, sondern international an den scheinbar privaten Fragen, die v.a. auch den sexuellen Bereich thematisierten: Schwangerschaftsabbruch, familiäre Arbeitsteilung, Gewalt in der Ehe und Vergewaltigung. Sexuelle Gewalt wollten die Frauen nicht mehr als Privatsache oder sog. Kavaliersdelikt hinnehmen, sondern interpretierten sie als ein zentrales Unterdrückungsinstrument patriarchalischer Gesellschaften.

Um die individuell erlittene Gewalt sichtbar zu machen und auf die gesellschaftlichen Ursachen einer männlich-gewalttätigen Dominanzkultur hinzuweisen, aber natürlich auch, um den betroffenen Frauen zu helfen, entstanden ab 1976 erste autonome Frauenhäuser. Sie waren getragen von privat initiierten Frauenvereinen („Frauen helfen Frauen") und boten geschlagenen Frauen eine Zuflucht. Bald darauf entstand ein breites Netz von Beratungsstellen, Notrufen und Selbsthilfegruppen (später Nachttaxis und Frauenparkplätze) und heute auch Kooperation mit Polizei und Justiz.

6.2.9 Selbsthilfebewegung im Sozial- und Gesundheitsbereich

In den 70er Jahren entstanden in vielen Praxisbereichen der Sozialen Arbeit in Abgrenzung zu Institutionen und Experten Selbsthilfegruppen, in denen Betroffene versuchten, sich gegenseitig zu helfen. Neben den „Anonymen Alkoholikern“, die als Vorreiter dieser Bewegung gelten können, schlossen sich Opfer sexuellen Missbrauchs, alleinerziehende Mütter, chronisch Kranke u.a. zusammen, einerseits, um ihre Interessen nach außen zu vertreten, andererseits, um sich eine parteiliche und empathische, manchmal aber auch notwendig konfrontierende Hilfe zu geben, zu der Experten und auch Sozialarbeiterinnen und Sozialarbeiter manchmal nicht in der Lage sind - auch weil ihnen die entsprechende Eigenerfahrung fehlt.

Bald zeigten sich jedoch in vielen selbstorganisierten Gruppen Spannungen, die von der Gruppe selbst nicht zu bewältigen waren. Die in den 70er Jahren populär werdende Gruppendynamik und die Bewegung der Selbsterfahrungsgruppen hatte bereits ein Wissen über typische Gruppenprozesse, -strukturen und -konflikte erarbeitet, mit dessen Hilfe Gruppen an- und begleitet werden konnten. Diese Form der professionellen Anleitung von Gruppen wurde seit den 70er Jahren immer stärker auch in das Ausbildungsprofil der Sozialen Arbeit übernommen. Heute sind viele Selbsthilfegruppen auf lokaler Ebene in Netzwerken und Anlaufstellen organsiert und nehmen gerne professionelle Begleitung durch sozialpädagogische Fachkräfte in Anspruch.

6.3 Theorieentwicklung der 80er Jahre

Ähnlich wie in den 20er Jahren entstanden auf dem Hintergrund einer reformfreundlichen Praxis in den 80er Jahren neue Theorieansätze, von denen drei hier beispielhaft erläutert werden sollen

6.3.1 Hans Thiersch: Lebensweltorientierung

Hans Thiersch (Jg. 1935), emeritierter Professor für Sozialpädagogik an der Universität Tübingen, entwickelte in verschiedenen Veröffentlichungen das Konzept der Lebensweltorientierung. Er bot damit der durch die politische Kritik der 68er-Bewegung angeschlagenen Sozialarbeit und Sozialpädagogik wieder eine positive Identität. Soziale Arbeit – so war die Kritik gewesen – trage zur Aufrechterhaltung eines ungerechten Systems bei, da es die wahren Ursachen von Ungleichheiten verschleiere und das revolutionäre Potential der Unterdrückten abschwäche (vgl. 6.1.).

In dem lebensweltorientierten Konzept nach Thiersch werden die ökonomischen und politischen Ursachen der Ausgrenzung von Hilfebedürftigen nicht geleugnet. Aber der Blick richtet sich nun auf die Tatsache, dass die Unterdrückten selbst meistens gar kein Bewusstsein von ihrer Unterdrückung haben, geschweige denn von dessen Ursachen. Dies liegt – so Thiersch mit Bezug auf den tschechischen Marxisten und Vertreter des Prager Frühlings Karel Kosik – an der „Pseudokonkretheit" ihres Alltags. Alltag ist nicht konkret, d.h. die Menschen erleben ihn nicht als das, was er ist (sie glauben z.B. die Ausländer seien an ihrer Lage schuld):

> „Die Welt der Pseudokonkretheit ist ein Dämmerlicht von Wahrheit und Täuschung. Ihr Element ist die Zweideutigkeit. Die Erscheinung zeigt das Wesen und verbirgt es zugleich. In der Erscheinung tritt das Wesen hervor, aber es erscheint nicht in adäquater Form, nur teilweise oder nur mit einigen seiner Seiten und Aspekten." (Kosik zit. n. Thiersch 1986, S. 34)

Dermaßen getäuscht wird der Mensch zum Opfer seiner Routinen. Es ist ihm aber grundsätzlich möglich, die Zweideutigkeit zu durchschauen, sich gegen die „strukturelle und soziale Entfremdung" zur Wehr zu setzen und sich selbst zu verwirklichen (Thiersch 1986, S. 34). Hierbei kann eine lebensweltorientierte Soziale Arbeit helfen.

In dem Aufsatz „Alltagshandeln und Sozialpädagogik" von 1978 entwarf Thiersch dieses Programm. Er forderte Professionelle der Sozialen Arbeit auf, sich gegen die Dominanz von Experten und Verwaltungsinteressen zu wenden. Sie sollten sich stattdessen auf den Alltag und die konkreten Bedürfnisse ihrer „Adressaten" einlassen und mit ihnen solidarisch sein. Ausgehend von den wissenschaftlichen Traditionen der Hermeneutik, Phänomenologie, der verstehenden Soziologie und der kritischen Theorie plädierte Thiersch für ein Verstehen des Alltags und der Lebenswelt der Adressaten und wandte sich gegen ein naturwissenschaftlich-technisches Verständnis vom Menschen. Gemeinsam mit den Adressaten könnten Schritte entwickelt werden, die diesen zur Emanzipation verhelfen, indem sie lernen, ihre Lebenssituation zu begreifen, ja zu durchschauen.

> „Dieses Durchschauen ist ein mühsames Geschäft des Lernens, Problematisierens, der Aufklärung, ja – wie Kosik formuliert – der Destruktion; damit solche Destruktion nicht zur Unterdrückung der konkreten Alltäglichkeit führt, darf sie nur als kommunikativer Prozess praktiziert werden, als Prozess, ... (der) zur Aufhebung von Ungleichheiten in der Kommunikation tendiert." (Thiersch 1978, S. 221)

Die Verbesserungen, welche die Helfenden vornehmen, müssen am Alltag des Adressaten ansetzen, der konkrete, d.h. für ihn spürbare, Verbesserungen erfahren muss. Diese bleiben jedoch in einer tendenziell ungerechten Gesellschaft und angesichts der Komplexität von Problemen immer relativ. Aus diesem Grund spricht Thiersch auch nicht vom gelungenen, sondern von einem *gelingenderen Alltag* der Adressaten als Ziel Sozialer Arbeit.

Um einen gelingenderen Alltag zu erreichen, muss die Hilfe an der Lebenswelt der Adressaten anknüpfen. Unter Lebenswelt versteht Thiersch ein „strukturiertes Gefüge ganzheitlicher, räumlicher, zeitlicher und sozialer Bezüge", welches bestimmt wird durch „das Ineinanderspiel von Pragmatismus und Routinen in Selbstdeutungs- und Handlungskonzepten". In der Lebenswelt liegen wertvolle „individuelle, soziale, politische, instrumentelle und regionale/lokale Ressourcen" (Thiersch 1993, S. 13), die unterstützt werden sollen. Dabei müssen die Professionellen stets die Achtung vor dem Eigensinn der Adressaten bewahren und die Gefahr einer „Kolonialisierung" der Lebenswelt vermeiden (vgl. die Unterscheidung von System und Lebenswelt bei Habermas 1981). Daher ist auch die helfende Beziehung eine partnerschaftliche, in der beide Seiten lernen.

> „Der Bezug zwischen Menschen, die sich so aufeinander einlassen, soll, zum einen (...) ein prinzipiell reversibler Umgang wechselseitigen Lernens und Helfens sein, soll aber, zum anderen, gleichwohl den Betroffenen Angebote zu neuen Erfahrungen, notwendigen Klärungen und unvermeidlichen Hilfen vermitteln, die als Aufgabe aus der Situation heraus ausgewiesen werden müsse." (Thiersch 1981, S. 1008)

Lebensweltorientierung, z.B. in der Jugendhilfe, meint damit nicht die Beschwörung einer „heilen Welt", sondern ein kritisches Konzept, das Netzwerke aufbaut und Räume schafft.

> „Lebensweltorientierte Jugendhilfe inszeniert soziale Beziehungen in der Nachbarschaft, unter Kollegen, unter Menschen, die in gleiche Probleme involviert sind; sie arrangiert Räume, Situationen und Gelegenheiten für Kinder und Heranwachsende; sie engagiert sich in den Anstrengungen um lebensweltliche Erfahrungen und Räume in Institutionen und sozialen Netzen, auch im Stadtteil, in der Stadt, in der Region." (Thiersch 1992, S. 27)

Um dies zu erreichen verfolgt die Lebensweltorientierung die folgenden „Strukturmaximen" (wie sie auch im 8. Jugendbericht der Bundesregierung von 1990 ausbuchstabiert werden):

- Prävention (vor Intervention) von Problemen,
- Regionalisierung/Dezentralisierung der Angebote,
- Integration (gegen Ausgrenzung) von „Randgruppen",
- Kooperation/Vernetzung des Hilfesystems und
- Partizipation der Adressaten.

6.3.2 Michael Winkler: Subjektorientierung

Einen spezifisch pädagogischen Ansatz brachte der Jenaer Pädagogikprofessor Michael Winkler (Jg. 1953) in die Debatte. In sozialpädagogischen Handlungsfeldern sei es – so Winkler – die Aufgabe, die Aneignungstätigkeit (also einen eigenständigen, lernenden und wachstumsfördernden Umgang mit der Umgebung) der betreffenden Kinder, Jugendlichen und Erwachsenen (der „Subjekte") zu ermöglichen bzw. zu erhalten. Sozialpädagoginnen *gestalten* daher vor allem *Orte* in einer Weise, dass den von ihnen Betreuten die Möglichkeit eines autonomen Lebens gegeben wird. Schwierig ist dabei, dass sich gerade die Zielgruppen sozialpädagogischer Arbeit dadurch auszeichnen, dass sie in ihrer Autonomie eingeschränkt bzw. behindert sind. Winkler nennt diese Beschränkung den „Modus der Differenz" eines Subjektes, der dadurch bestimmt ist, dass ein Mensch „beharrlich" in seiner Aneignungstätigkeit eingeschränkt ist und damit die Kontrolle über seine Lebensbedingungen verliert (Winkler 1988, S. 152). Für diese Menschen müssen daher spezifische „geschützte" Orte geschaffen werden, in denen die im sonstigen ökonomischen und gesellschaftlichen Leben üblichen Regeln außer Kraft gesetzt sind.

Sozialpädagogische Orte sind dadurch gekennzeichnet, dass Hilfsbedürftige dort ihre eigene Bildung produzieren können. Solchermaßen gestaltete Orte können Heime, Ersatzfamilien oder Jugendzentren, aber auch Drogenberatungsstellen sein. Bildung wird bei Winkler dabei im weiteren Sinn verstanden als Erwerb von Fähigkeiten der Lebensbewältigung (Körperhygiene, Nahrungsaufnahme, „Leben lernen"). Aufgabe der Sozialpädagoginnen ist die Vermittlung dieser Fähigkeiten – auch wenn es oft leichter ist, diese selbst auszuführen. Um einen Ort fachlich zu gestalten, muss stets die Frage nach den Angeboten des Ortes und den Fähigkeiten der Subjekte gestellt werden. Dabei sollen auch die noch „uneingelösten Möglichkeiten des Subjektes" erkannt werden. Die Dinge, die angeeignet werden sollen, sind dabei nicht festgelegt, sie sind zwar nicht beliebig, aber relativ, da sich das, was Menschen wissen und können müssen in unserer Gesellschaft, ständig und mit zunehmender Beschleunigung verändert.

Weil die Hilfe bei der Aneignung von Dingen und Sachverhalten eine ureigene pädagogische Tätigkeit ist, macht Winkler keinen Unterschied zwischen Sozialarbeit und Sozialpädagogik, sondern subsummiert erstere unter den Oberbegriff der Sozialpädagogik. Sozialpädagogik wiederum ist nach Winkler im Kern nichts anderes als Erziehung, also Allgemeinpädagogik. Zwar sei Sozialpädagogik früher nur der radikale Ernstfall von Erziehung gewesen, heute jedoch sind Krisen und Probleme in der Erziehung immer häufiger der Normalfall, weshalb Sozialpädagogik und Allgemeinpädagogik immer identischer würden. Winkler räumt aber ein, dass möglicherweise die sozialpädagogische Tätigkeit durch einen „höheren Bewusstheitsgrad" von anderen Erziehungsvorgängen zu unterscheiden ist:

> „Nie aber ist Sozialpädagogik eine andere Pädagogik; was sie auszeichnet: die Ambivalenzen und Widersprüche, mit denen der Sozialpädagoge in seinem konkreten Tun hadert, die Ängste vor den (nicht nur emotionalen) Verstrickungen mit Kindern, Jugendlichen und Erwachsenen, die Bemühungen um Nähe und Distanz zu ihnen, die Anerkennung von Erreichtem und die Mühe um Fortschritt, die Sorge, Entwicklung zu hindern, statt zu unterstützen, der Versuch, ein Leben in einer Gesellschaft zu ermöglichen, die man selbst für fragwürdig hält, all dies (und vieles andere) ist Pädagogik – nicht mehr, aber auch nicht weniger." (Winkler 1988, S. 100 f.)

Erziehung ist dabei immer angewiesen auf die „subjektive, individuell bestimmte Eigenleistung" des zu Erziehenden und auf die Fähigkeit des Erziehers, sich als alltäglich handelnde Person „methodisch zu instrumentalisieren" und zu reflektieren (Winkler 1988, S. 84). Sozialpädagogisches Handeln ist nach Winkler also nicht nur der „kundige Umgang" mit rechtlichen, politischen und institutionellen Rahmenbedingungen oder Hilfe zur Bewältigung alltäglicher Lebensprobleme, sondern bewusste Gestaltung von Orten und Inszenierung von „Ereignissen", die an die Eigentätigkeit der Betreuten appelliert. Dieser Prozess kann jedoch nur auf der Basis einer emotionalen Akzeptanz (Liebe, Achtung, Wertschätzung) von „öffentlichen Vätern und Müttern" und ihren „Zöglingen" geschehen:

> „Dies schlägt sich als ‚Mütterlichkeit' und Zwang zur Gefühlsarbeit in den sozialpädagogischen Handlungsvollzügen nieder, die gleichwohl keineswegs idyllisiert werden dürfen: ‚Sozialarbeit ... ist ... zu einem wesentlichen Teil solche Gefühlsarbeit: Sich anlabern lassen, zuhören, sich testen lassen, Mutproben aushalten, sich (nicht) austricksen lassen, trösten. All das gehört zur Arbeit der öffentlichen Väter und Mütter' [Aly]." (Winkler 1988, S. 332)

6.3.3 Silvia Staub-Bernasconi: Systemorientierung

Nach Staub-Bernasconi (geb. 1936), emeritierte Professorin für Sozialpädagogik an der TU Berlin, bezieht sich Soziale Arbeit nicht nur auf den Umgang mit sozial abweichendem Verhalten und vor allem nicht nur auf pädagogische Tätigkeiten, sondern umfasst die Gesamtheit der Behandlung sozialer Probleme, sofern sie ein Leiden in und an der Gesellschaft darstellen. Weil gesellschaftlich verursachte Probleme – so Staub-Bernasconi – oft zu Unrecht privatisiert werden, besteht die Aufgabe der Sozialen Arbeit darin, diese wieder zu öffentlich beachteten Problemen zu machen. Soziale Arbeit ist demnach eine z.T. mühselige Rekonstruktion zwischenmenschlicher Verpflichtungen, die durch ökonomische Regeln, also die Versorgung über den Markt, zerstört wurden. Staub-Bernasconi geht davon aus, dass Menschen „selbstwissensfähige Biosysteme“ mit definierbaren Bedürfnissen sind und jeweils bestimmten sozialen Systemen angehören (Staub-Bernasconi 1995, S. 128). Die Bedürfnisbefriedigung der Individuen hängt von der Verfügbarkeit der Güter und dem Potential des Individuums ab, diese zu erreichen. Sind einzelne Menschen von der Bedürfnisbefriedigung ausgeschlossen, so ist es die Aufgabe der Sozialen Arbeit als einer *„Menschenrechtsprofession“*, diese Bedürfnisse zu befriedigen und damit gesellschaftlich betrachtet, zu einem gerechten „Austausch von Pflichten und Rechten zwischen Menschen und sozialen Gruppen“ beizutragen (Staub-Bernasconi 1995, S. 135).

Staub-Bernasconi versteht also Soziale Arbeit als das gesellschaftliche Subsystem, das der Sicherstellung zentraler menschlicher Bedürfnisse dient.

Zur Sozialen Arbeit gehören daher der Aufbau und Erhalt menschengerechter Sozialstrukturen, die Mithilfe bei der Erschließung eigener und fremder Ressourcen, die Linderung von Not sowie sozialpolitische Aktivitäten. Hilfeformen der Sozialen Arbeit sind Gaben, Almosen, „Nacherziehungs“- und Bildungshilfe, Sozialplanung, Beratung, Bewusstseinsbildung, Teilnahmeförderung, soziale Vernetzung, Öffentlichkeitsarbeit, finanzielle Hilfen, Beschaffung von Wohnraum oder speziellen Diensten, aber auch das Finden neuer Ideen und Utopien. Soziale Arbeit findet dabei stets statt im Spannungsfeld zwischen Hilfe und Kontrolle (doppeltes Mandat), Integration und gesellschaftlicher Veränderung sowie zwischen Expertentum und Ehrenamt. Zu den kognitiven Ressourcen der Sozialarbeiterinnen gehören die Bedürfnistheorie (die sich der Psychologie, Soziologie und Kulturtheorie bedient) und die Systemtheorie. Letztere wird von ihr nicht als organische oder funktionalistische Theorie verstanden, sondern als prozessorientierte Alternative zu atomistischen Theorien, die zu sehr den Vorrang individueller Freiheiten und Bedürfnisse betonen und holistischen Theorien, die zu stark den Vorrang des Gemeinnutzes, der Nation oder des Kollektivs betonen.

Die systemtheoretische Perspektive überwindet nach Staub-Bernasconi auch die Unterschiede zwischen Sozialarbeit und Sozialpädagogik, denn bedürfnis- und lerntheoretische Aspekte (Fürsorge- und Bildungstheorie) kann man nicht trennen:

> „Die Unterscheidung und separate Institutionalisierung von Sozialarbeit und Sozialpädagogik als Hilfe versus (Nach-)Erziehung und deren Begrenzung auf Individuen ist auf dem Hintergrund einer systemischen Metatheorie kaum mehr zu begründen." (Staub-Bernasconi, S. 133)

Ähnlich wie Salomon sieht auch Staub-Bernasconi ein Problem der Sozialen Arbeit darin, dass „private und öffentliche Fürsorgetätigkeiten" abgewertet werden, weil sie von Frauen geleistet werden. Sie hält dies für eine Folge der in der Aufklärungszeit entstandenen großen Wertschätzung, ja Überschätzung von (emotionsloser) Rationalität und (beziehungsloser) Autonomie:

> „Damit ist der Weg frei für ein Denken, das ... die Autonomie des Subjekts gegenüber seiner Abhängigkeit von äußeren Bedingungen festschreibt und mithin das Soziale entweder als das Übrigbleibende, der Autonomie Nachgeordnete oder gar Autonomie Gefährdendes erscheinen lässt." (Staub-Bernasconi 1995, S. 29)

Fazit

Die 70er Jahren haben eine entscheidende Verbesserung in Bezug auf die Selbstbestimmung von Klienten Sozialer Arbeit gebracht, dem auch die theoretische Entwicklung Rechnung getragen hat.

Dabei sind die Begrifflichkeiten, mit denen Hilfsbedürftigkeit umschrieben wird, und die theoretischen Bezüge, die zur Analyse sozialer Probleme herbeigezogen werden, vielfältig geblieben. Der schon in den 20er Jahren geführte Streit um die pädagogischen Anteile der Sozialen Arbeit, die Geschlechterfrage und die Frage nach Ursachen, Zielen und Methoden einer guten Sozialen Arbeit wurde neu thematisiert und in spezifische subjekt- und systemtheoretische Theorien eingebunden.

Quellentipp und Vorschlag zur Diskussion

Die radikale Kritik von Hollstein/Meinhold (1973, S. 9-43 und S. 208-239) kann mit den Theorien der 80er Jahre verglichen werden. Darüber hinaus bietet sich auch ein Vergleich dieser Theorien (anhand von Thiersch 1978; Winkler 1988, S. 154-167; Staub-Bernasconi 1995, S. 117-140) mit den Theorien von Klumker, Nohl und Salomon an. Welche Gemeinsamkeiten und Differenzen sind zu erkennen?

7

7. Quo Vadis (Wohin gehst du?) Soziale Arbeit: Globalisierung und Neoliberalismus

Die Weltwirtschaft hat nach dem Zusammenbruch der Sowjetunion und der wirtschaftlichen Öffnung Chinas wieder tiefgreifende Veränderungen erfahren. Internationale Konzerne mit einem Umsatz, der das Bruttosozialprodukt manch eines Nationalstaates übersteigt, halten sich zunehmend nicht mehr an ihre Verpflichtungen, die ihnen von den westlichen Sozialstaaten auferlegt wurden, indem sie flexibel ihre Produktionsstätten in Länder mit billigem Lohn verlegen oder damit drohen, dies im „Notfall“, d.h. falls die Sozialausgaben steigen, zu tun.

Dieser Prozess der *„Globalisierung“* der Wirtschaft hat auch weitreichende Konsequenzen für die bisherigen Errungenschaften der Sozialen Arbeit, denn ihre finanziellen Ressourcen, die über den Sozialstaat abgedeckt waren, schwinden. Die Staaten verschulden sich, während das Privatvermögen, insbesondere das der weltweit operierenden Konzerne, kontinuierlich steigt.

Eine neue „soziale Frage“ zeichnet sich ab und wird sich weiter verschärfen. Neue Antworten müssen gefunden werden. Wird es mit der neoliberalen Wirtschaftspolitik auch ein Zurück zum „Nachtwächterstaat“ und/oder zur privaten „Wohltätigkeit“ geben? Oder wird sich auf Dauer (steigende strukturelle Arbeitslosigkeit) ein gesetzlich festgelegter Anspruch auf ein „Bürgergeld“ (nicht Sozialhilfe) durchsetzen lassen?

Die neuen Anforderungen des Weltmarktes haben auch Auswirkungen auf die Psyche und das soziale Miteinander der Individuen. Unter den Stichworten *Pluralisierung und Individualisierung* beschrieb der Soziologe Ulrich Beck die neue „Risikogesellschaft“ (Beck 1986), in der niemand sicher sein kann, ob sein Lebensunterhalt und das bisher erworbene Wissen ein Leben lang reichen wird. Der Zwang zur „Bastelbiograpie“ und zum lebenslangen Lernen führt zu neuen Ungleichheiten – denn nicht alle können Schritt halten in der neu entstehenden „Informationsgesellschaft“. Die Individualisierung hat inzwischen neuartige Formen der Kontrolle abweichender Verhaltensweisen angenommen, die nicht mehr durch offene Drohungen, Kasernierung oder öffentliche Kritik gesteuert werden, sondern durch eine früh vermittelte Selbstbeherrschung und Selbstregierung. Die „würdigen“ Armen sind heute die selbständigen, öffentlich unterstützten „Ich-AGs“, die mit ihrer Existenz den Mythos vom Tellerwäscher zum Millionär aufrechterhalten sollen, während die andere Hälfte des – neudeutsch so bezeichneten – „Prekariats“ (also derer, die sich in prekären Lebenslagen befinden) einer immer strengeren Zuführung zum Arbeitsmarkt – unabhängig vom erlernten Beruf – unterworfen, bzw. als nicht mehr brauchbar, „abgehängt“ wird (Anhorn u.a. 2007).

Neben dieser neu aufgelegten Vorstellung des „Forderns und Förderns“ stellen Veränderungen der Alterstruktur („Vergreisung“ durch Rückgang der Geburtenzahlen) und Migration (Einwanderungsgesellschaft) neue Herausforderungen für die Soziale Arbeit dar (z.B. wachsende Kinderarmut, Pflegenotstand). Der Soziale Beruf ist in der Gesellschaft des 21. Jahrhunderts unverzichtbar geworden, d.h. auch, dass die Vergesellschaftung weiblicher Fürsorgeleistungen weiter voranschreitet und unumkehrbarer wird, auch – oder gerade – weil sie nicht mehr als natürliche weibliche Fähigkeit, sondern als eine soziale „Dienstleistung“ definiert wird. Die Überwindung der patriarchalischen Abwertung des sozialen Bereichs als untergeordnete Frauentätigkeit ist damit jedoch nicht automatisch erreicht. Auch stehen die Formen der sozialen Dienstleistungen neu zur Debatte. Soziale Arbeit wird heute nicht mehr als „Kontrollagentur“ kritisiert, aber auch nicht mehr als emanzipierende Aufklärung über Lebenswelt und Alltag eingefordert, sondern sie wird immer mehr als ein Beratungs- oder Betreuungsservice unter anderen verstanden.

Damit befinden sich momentan viele Anbieter der Sozialen Arbeit auf einem Markt wieder, der zu einer genaueren *ökonomischen* Kalkulation ihrer Arbeit zwingt, was u.a. zur zunehmenden Einstellung von unausgebildetem Personal (Honorarkräfte) verleitet. In dieser Perspektive bedeutet die zunehmende Ökonomisierung eine deutliche Dequalifizierung Sozialer Arbeit.

Das Ende der weltweit konkurrierenden Systeme Sozialismus und Kapitalismus und der „Sieg“ des letzteren ziehen auch wieder einen tiefgreifenden Wandel im „Deutungsmuster“ nach sich. Die Moderne – das Projekt der Aufklärung und der Gestaltung der Welt nach „vernünftigen“ Gesichtspunkten – scheint an ihr Ende gekommen wie auch der Streit um den universal verbindlichen Weg zu einer gerechteren Gesellschaft. Theoretiker der *Postmoderne* reflektieren sowohl die totalitären und menschenverachtenden Praktiken der faschistischen und sozialistischen „Erneuerer“ wie auch das damit erreichte Ende der großen „Erzählung“ von Fortschritt und Aufklärung. Wo die Emanzipationserzählung der Moderne an ihr Ende kommt, da bleibt nur mehr das „Performativitätskriterium“ übrig, d.h. die Frage, ob Hilfen effektiv, wirksam und kostengünstig sind, nicht ob sie sozial gerecht sind oder zu größerer Freiheit der Klienten führen (vgl. in Bezug auf Bildungsprozesse Lyotard 2009, S. 125ff.)

Im Bereich der Sozialen Arbeit gibt es keine leitende Theorievorstellung mehr, keine einfachen Eindeutigkeiten von „gut“ und „schlecht“ (wie in den 70er Jahren, wo Gemeinwesenarbeit gut und Einzelfallhilfe schlecht war). Vielmehr zerfällt das Arbeitsfeld und mit ihm die Methoden in eine Vielzahl von Programmen, Projekten und teilweise beliebigen, „modischen“ Therapien (vorzugsweise aus den USA und den Niederlanden).

Blicken wir auf die Anfänge Sozialer Arbeit zurück, so wird deutlich, dass aus einer ethisch motivierten sozialen Bewegung zu mehr Gerechtigkeit hin, die sich als eine „soziale Mission“ (Salomon) verstand und die zur Verwirklichung der „Menschenrechte“ führen sollte (Staub-Bernasconi), heute mehr und mehr eine (scheinbar) marktgesteuerte Vermittlung von „Angebot“ und „Nachfrage“ einer sozialen „Dienstleistung“ geworden ist. Andererseits gibt es mehr und mehr Menschen, die von diesen Angeboten nicht mehr profitieren. Es gehört für die Studierenden der Sozialen Arbeit zu einer der wichtigsten beruflichen Herausforderungen der Zukunft, sich in dieser neuen politischen Situation fachlich zu verorten. Die Beschäftigung mit der Geschichte kann dazu beitragen, das hierfür notwendige Orientierungswissen zu liefern.

Wenn Soziale Arbeit ihre historisch gewachsene Identität, die sich gerade von Wohltätigkeit und später sowohl von individualisierter wie kollektivierter Hilfe abgrenzte, nicht preisgeben will, so sollte sie sich orientieren an dem 1992 von der „International Federation of Social Workers“ verabschiedeten „Manual über Menschrechte für Ausbildungsstätten Sozialer Arbeit“. Dort wird die Soziale Arbeit als „Human-Rights-Profession“ verstanden, unter anderem mit Bezug auf die Philosophin Martha Nussbaum und ihren Ansatz der Befähigungsgerechtigkeit (vgl. Staub-Bernasconi 1995, S. 414). Die Aufgabe der Profession – so die Erklärung – sei nicht allein in der Bereitstellung von Ressourcen zu sehen, sondern auch in der Ermöglichung von Freiheiten, gerade auch der Freiheit von Gewalt im familiären Umfeld. Explizit bekannte die internationale Vereinigung sich dazu, in allen Arbeitsfeldern an der Durchsetzung der Menschen- und Sozialrechte der Klienten arbeiten zu wollen und dazu die 30 Artikel der Menschenrechtserklärung von 1948 zugrunde zu legen:

> „Menschenrechte machen ernst mit der Tatsache, dass die Weltgesellschaft nicht eine Fiktion, sondern eine in Entstehung begriffene Realität ist, in welcher es kein ‚Außerhalb‘ mehr gibt. So liefern sie für diesen langsamen, krisen- und konfliktreichen Zusammenschluss eine mögliche interkulturelle Verständigungsbasis.“ (Staub-Bernascconi 1995, S. 424)

Fazit

Die Ursachen für Mangelsituationen im materiellen und sozialen Bereich waren historisch verschieden und wurden darüber hinaus auch verscheiden interpretiert. Grob lassen sich dabei zwei Richtungen unterschieden: die eine, die soziale Probleme vorwiegend gesellschaftlich verursacht sieht (ungerechte Machtverhältnisse, Ausbeutung etc.), und die andere, die ein individuelles Fehlverhalten (psychisch oder genetisch bedingt) für ausschlaggebend hält.

Alice Salomon versuchte in diesem Streit einen Kompromiss, indem sie es für unerheblich und sogar kontraproduktiv erklärte, klären zu wollen wer „schuld" an einer Notlage sei. Mit der Negation der individuellen Ursachen wird ja auch die individuelle Verantwortung für das eigene Leben bestritten und umgekehrt die gesellschaftliche. Nach Salomon handelt es sich bei den Fällen der Sozialen Arbeit immer um eine Mischung von gesellschaftlichen und persönlichen Ursachen, die im Nachhinein schwer, wenn nicht unmöglich, zu rekonstruieren seien. Entscheidend sei vielmehr die ethische Grundhaltung der Professionellen, dass es das Menschenrecht eines jeden Menschen ist, dass ihm /ihr geholfen wird.

Wo die oben beschriebene heutige Entwicklung hinführen wird, können wir heute noch nicht sagen. Aus der Geschichte wissen wir jedoch, dass es auf neue Formen von Ungleichheiten neue Antworten gegeben hat und vermutlich weiter geben wird. Aus der Geschichte wissen wir auch, dass immer die Gefahr besteht, dass diese Antworten repressiv, reglementierend, ja menschenverachtend ausfallen, aber immer auch die Chance besteht, dass durch neue soziale Bewegungen soziale Gerechtigkeit auf einer neuen Stufe der gesellschaftlichen Entwicklung erreicht werden kann.

LITERATUR

Almstedt, Matthias/Munkwitz, Barbara 1982: Ortsbestimmung der Heimerziehung. Geschichte, Bestandsaufnahme, Entwicklungstendenzen. Weinheim und Basel

Althaus, Herrmann 1937 (3. überarb. Aufl.) (1935): Nationalsozialistische Volkswohlfahrt. Wesen, Aufgaben, Aufbau. Schriften der Deutschen Hochschule für Politik, Heft 2

Anhorn, Roland/Bettinger, Frank/Steh, Johannes 2007: Foucaults Machtanalytik und Soziale Arbeit. Eine kritische Einführung und Bestandsaufnahme. Wiesbaden

Aquin, Thomas von 1985 (3. verb. Auflage): Die Summe der Theologie 3. Bd.: Der Mensch und das Heil, zusammengefasst, eingeleitet und erläutert von Joseph Bernhart, Stuttgart

Ayaß, Wolfgang 1992: Das Arbeitshaus Breitenau. Bettler, Landstreicher, Prostituierte, Zuhälter und Fürsorgeempfänger in der Korrektions- und Landarmenanstalt Breitenau (1874-1949). Kassel

Ayaß, Wolfgang1995: Asoziale im Nationalsozialismus. Stuttgart

Baum, Marie 1927: Familienfürsorge. Eine Studie. Neue Folge der Schriften des deutschen Vereins für öffentliche und private Fürsorge. 12. Heft, Karlsruhe

Beck, Ulrich 1986: Die Risikogesellschaft. Auf dem Weg in eine andere Moderne. Frankfurt a.M.

Biesold, Hans 1988: Klagende Hände. Betroffenheit und Spätfolgen in bezug auf das Gesetz zur Verhütung erbkranken Nachwuchses, dargestellt am Beispiel der „Taubstummen". Solms-Oberbiel

Blask, Falk 1997: Einweisung nach Torgau. Texte und Dokumente zur autoritären Jugendfürsorge in der DDR. Publikation des Ministeriums für Bildung, Jugend und Sport des Landes Brandenburg. Berlin

Daniels, Susanne v. (Hrsg.) 1983: Krüppel-Tribunal. Menschenrechtsverletzungen im Sozialstaat. Köln

Dill, Gregor 1999: Nationalsozialistische Säuglingspflege. Erziehung zum Massenmenschen. Stuttgart

Dörner, Klaus 1969: Bürger und Irre. Frankfurt a.M.

Dudek, Peter 1988: Leitbild: Kamerad und Helfer. Sozialpädagogische Bewegung in der Weimarer Republik am Beispiel der „Gilde Soziale Arbeit". Frankfurt a.M.

Erning, Günter 1987: Geschichte des Kindergartens. Freiburg im Breisgau

Fischer, Fritz 1961: Der Griff nach der Weltmacht. Die Kriegszielpolitik des kaiserlichen Deutschlands 1914/18. Düsseldorf

Foucault, Michel 1977: Überwachen und Strafen: die Geburt des Gefängnisses. Frankfurt a.M.

Frings, Bernhard/Kaminsky, Uwe 2012: Gehorsam – Ordnung – Religion. Konfessionelle Heimerziehung 1945-1975. Münster

Fröbel, Friedrich 1977 (1826): Die Menschenerziehung: die Erziehungs-, Unterrichts- und Lehrkunst. Weinheim

Gerhard, Ute 1990: Unerhört. Die Geschichte der deutschen Frauenbewegung. Reinbek bei Hamburg

Giesecke, Herrmann 1971: Die Jugendarbeit. München

Giesecke, Herrmann 1981: Vom Wandervogel zur Hitlerjugend. Weinheim und München

Goffman, Erving 1967: Stigma. Über Techniken der Bewältigung beschädigter Identität. Frankfurt a.M.

Goffman, Erving 1973: Asyle: über die soziale Situation psychiatrischer Patienten und anderer Insassen. Frankfurt a.M.

Grossmann, Wilma 1987: Kindergarten. Eine historisch-systematische Einführung in seine Entwicklung und Pädagogik. Weinheim und Basel

Habermas, Jürgen 1981: Theorie des kommunikativen Handelns, Bd. 1 und Bd. 2. Frankfurt a. M.

Hagemann-White, Carol u.a. 1981: Hilfen für misshandelte Frauen. Stuttgart u.a.

Hauschildt, Elke 1995: „Auf den richtigen Weg zwingen ..." Trinkerfürsorge 1922 bis1945, Freiburg im Breisgau

Hering, Sabine/Münchmeier, Richard 2000: Geschichte der Sozialen Arbeit. Eine Einführung. Weinheim u.a.

Herrmann, Gertrud 1956: Die sozialpädagogische Bewegung der 20er Jahre. Weinheim

Heubach, Helga (Hrsg.) 1994: Bertha Pappenheim u.a. „Das unsichtbare Isenburg". Über das Heim des Jüdischen Frauenbundes in Neu-Isenburg 1907 bis 1942. Neu Isenburg

Heynacher, Martha 1925: Die Berufslage der Fürsorgerinnen unter Verarbeitung einer vom Preußischen Ministerium für Volkswohlfahrt vorgenommenen statistischen Erhebung. Vorbericht für den 39. Fürsorgetag in Breslau. Karlsruhe

Hitler, Adolf 1934 (112. Aufl.) (1925/27): Mein Kampf. Erster Band: Eine Abrechnung, 2. Bd. (1927): Die nationalsozialistische Bewegung. Berlin

Henriette Schrader-Breymann 1962: Henriette Schrader-Breymann. Kleine pädagogische Texte. Berlin/Langensalza/Leipzig

Hollstein, Walter/Meinhold, Marianne (Hrsg.) 1973: Sozialarbeit unter kapitalistischen Produktionsbedingungen. Frankfurt a.M.

Honegger, Claudia 1978: Die Hexen der Neuzeit : Studien zur Sozialgeschichte eines kulturellen Deutungsmusters. Frankfurt a.M.

Hübner, Ingolf 2008: Der Weg der Diakonie in der DDR. In: Kaiser, Jochen-Christoph: Handbuch zur Geschichte der Inneren Mission. Stuttgart, 2008, S. 13-29

Jugendzentrum Kreuzberg e.V. (Hrsg.) 1972: Kämpfen, Leben, Lernen – Georg v. Rauch-Haus. Berlin

Jureit, Ulrike 1995: Erziehen, Strafen, Vernichten, Jugendkriminalität und Jugendstrafrecht im Nationalsozialismus. Münster

Kamphuis, Marie 1965 (Erstaufl. 1950): Die persönliche Hilfe in der Soziaarbeit unserer Zeit, Stuttgart

Khella, Karam 1975: Theorie und Praxis der Sozialarbeit und Sozialpädagogik. Hamburg

Klee, Ernst 1983: „Euthanasie" im NS-Staat. Die Vernichtung „lebensunwerten" Lebens". Frankfurt a.M.

Klee, Ernst 2010: „Euthanasie" im NS-Staat. Die Vernichtung „lebensunwerten" Lebens". Frankfurt a.M.

Klumker, Christian, Jasper 1918: Fürsorgewesen. Einführung in das Verständnis von Armut und Armenpflege. Leipzig

Konopka, Gisela 2000 (Repr. d. 6., überarb. Aufl. 1978): Soziale Gruppenarbeit: ein helfender Prozeß. Weinheim u.a.

Konrad, Franz-Michael 1993: Sozialpädagogik. Begriffsgeschichtliche Annäherungen - von Adolph Diesterweg bis Gertrud Bäumer, in: neue praxis, Nr. 4, S. 292-314

Kraus, Hertha 1950: Casework in USA. Theorie und Praxis der Einzelhilfe, Frankfurt a.M.

Kuhlmann, Carola 1985: Von der christlichen Initiative zur kirchlichen Institution - Der Kampf gegen die Verwahrlosung und die Entstehung der westfälischen Erziehungsanstalten. In: Schrapper, Christian/Sengling, Dieter: Waisenhäuser und Erziehungsanstalten in Westfalen. Münster, S. 59-126

Kuhlmann, Carola 1989: Erbkrank oder erziehbar? Jugendhilfe zwischen Zuwendung und Vernichtung. Fürsorgeerziehung in Westfalen 1933-45. Weinheim und München

Kuhlmann, Carola 2000: Alice Salomon - Ihr Beitrag zur Entwicklung der Sozialen Arbeit in Theorie und Praxis. Weinheim

Kuhlmann, Carola 2002: Soziale Arbeit im nationalsozialistischen Gesellschaftssystem. In: Thole, Werner (Hrsg.) 2002: Grundriss Soziale Arbeit. Ein einführendes Handbuch. Opladen, S. 77-96

Kuhlmann, Carola 2008: „So erzieht man keinen Menschen!" Lebens- und Berufserinnerungen aus der Heimerziehung der 50er und 60er Jahre. Wiesbaden

Kunstreich, Timm 2000: Grundkurs Soziale Arbeit. Sieben Blicke auf Geschichte und Gegenwart Sozialer Arbeit, Bielefeld

Landwehr, Rolf/Baron, Rüdiger 1991 (2. Aufl.): Geschichte der Sozialarbeit. Hauptlinien der Entwicklung im 19. und 20. Jahrhundert. Weinheim/Basel

Lutz, Ronald 2007: Lehrbuch der Wohnungslosenhilfe, Weinheim

Luxemburg, Rosa 1965 (1899): Sozialreform oder Revolution? Leipzig

Lyotàrd, Jean Francois 2009[6]: Das postmoderne Wissen. Ein Bericht. Wien

Maier, Hugo (Hrsg.) 1998: Who is Who der sozialen Arbeit. Freiburg

Malthus, Thomas R. 1879 (1798): Versuch über das Bevölkerungs-Gesetz oder eine Betrachtung über seine Folgen für das menschliche Glück in der Vergangenheit und Gegenwart. Berlin

Mannschatz, Eberhard 1971: Familienerziehung. Einführung in die Sozialistische Familienerziehung. Berlin

Martius, Wilhelm 1884: Die speziellen Aufgaben der inneren Mission in dem neuerwachten Kampfe gegen die Trunksucht. Magdeburg

Marx, Karl 1973 (1890): Das Kapital. Kritik der politischen Ökonomie. 1. Bd., Buch 1: Der Produktionsprozess des Kapitals. Berlin

Marx, Karl/Engels, Friedrich 2005 (1848): Manifest der Kommunistischen Partei. Stuttgart

Mehringer, Andreas 1976: Heimkinder. Gesammelte Aufsätze zur Geschichte und Gegenwart der Heimerziehung. München

Mielenz, Ingrid/Kreft, Dieter 1996: Wörterbuch Soziale Arbeit. Aufgaben, Begriffe und Methoden der Sozialarbeit/Sozialpädagogik. Weinheim/ Basel

Mollenhauer, Klaus 1998 (1966): Was heißt Sozialpädagogik. In neue praxis 5/98, S. 429-435

Müller Carsten 2005: Sozialpädagogik als Erziehung zur Demokratie. Ein problemgeschichtlicher Theorieentwurf. Bad Heilbrunn

Müller, C. Wolfgang 1981: Wie Helfen zum Beruf wurde. Eine Methodengeschichte der Sozialarbeit. 1883-1945, Bd. I und II. Weinheim/Basel

Natorp, Paul 1909 (3. vermehrte Auflage, Erstauflage 1898): Sozialpädagogik. Theorie der Willenserziehung auf der Grundlage der Gemeinschaft. Stuttgart

Neill, Alexander S. 1969: Theorie und Praxis antiautoritärer Erziehung. Reinbek

Neises, Gerd 1968: Christian Jasper Klumker. Schriften zur Jugendhilfe und Fürsorge. Schriften des Deutschen Vereins für Öffentliche und Private Fürsorge, Nr. 243. Frankfurt a.M.

Nohl, Herman 1949: Pädagogik aus dreißig Jahren. Frankfurt a.M.

Nohl, Herman 1965: Aufgaben und Wege der Sozialpädagogik. Vorträge und Aufsätze von Herman Nohl. Weinheim

Orthbandt, Eberhard 1980: Der Deutsche Verein in der Geschichte der deutschen Fürsorge 1880-1980. Frankfurt a.M.

Otto, Hans-Uwe/Sünker, Heinz (Hrsg.) 1989: Soziale Arbeit und Faschismus. Frankfurt a.M.

Otto, Hans-Uwe/Thiersch, Hans (Hrsg.) 2001(2. Aufl.): Handbuch Sozialarbeit Sozialpädagogik. Neuwied, Kriftel: Luchterhand

Perlman, Helen S.: 1969: Soziale Einzelhilfe als problemlösender Prozeß, Freiburg i. Br.

Peukert, Detlev J.K. 1986: Grenzen der Sozialdisziplinierung. Aufstieg und Krise der deutschen Jugendfürsorge 1878-1932, Köln

Picht, Werner 1913: Toynbee Hall und die englische Settlement-Bewegung. Tübingen

Ploetz, Alfred 1895: Grundlinien einer Rassen-Hygiene. Berlin

Rein, Wilhelm 1903: Encyklopädisches Handbuch der Pädagogik, Langensalza

Rohbeck, Gunda 2005: Verzicht auf Dank und Anerkennung. Berufsentwicklung hannoverscher Fürsorgerinnen. Münster

Riemann, Ilka 1985: Soziale Arbeit als Hausarbeit. Von der Suppendame zur Sozialpädagogin. Frankfurt a.M.

Rosenbaum, Heidi 1982: Formen der Familie: Untersuchungen zum Zusammenhang von Familienverhältnissen, Sozialstruktur und sozialem Wandel in der deutschen Gesellschaft des 19. Jahrhunderts. Frankfurt a.M.

Sachße, Christoph/Tennstedt, Florian (1980): Geschichte der Armenfürsorge in Deutschland: Bd. 1: Vom Spätmittelalter bis zum Ersten Weltkrieg. Stuttgart u.a.

Sachße, Christoph/Tennstedt, Florian (Hrsg.) 1983: Bettler, Gauner und Proleten. Armut und Armenfürsorge in der deutschen Geschichte. Frankfurt a.M.

Sachße, Christoph/Tennstedt, Florian (1988): Geschichte der Armenfürsorge in Deutschland: Bd. 2: Fürsorge und Wohlfahrtspflege 1871-1929, Stuttgart u.a.

Sachße, Christoph/Tennstedt, Florian (1992): Der Wohlfahrtsstaat im Nationalsozialismus. Geschichte der Armenfürsorge Bd. 3. Stuttgart u.a.

Sack, Fritz 1968: Kriminalsoziologie. Frankfurt a.M.

Salomon, Alice 1926: Soziale Diagnose. Berlin

Salomon, Alice 1927: Die Ausbildung zum sozialen Beruf. Leipzig

Salomon, Alice 1928 (3. überarbeitete Auflage von 1921): Leitfaden der Wohlfahrtspflege. Leipzig und Berlin

Salomon, Alice 1936: Heroische Frauen. Lebensbilder sozialer Führerinnen. Zürich/Leipzig

Salomon, Alice 1983: Charakter ist Schicksal. Lebenserinnerungen. Weinheim und Basel

Scherpner, Hans 1962: Theorie der Fürsorge. Göttingen

Scherpner, Hans 1966: Die Geschichte der Jugendfürsorge. Göttingen

Schmoller, Gustav 1908: Die soziale Frage. München u.a.

Schrapper, Christian/Johns, Irene (Hrsg.) 2010: Landesfürsorgeheim Glückstadt 1949-74 – Bewohner, Geschichte, Konzeption. Neumünster

Schrapper, Christian/Sengling, Dieter: Die Idee der Bildbarkeit. 100 Jahre Kalmenhof. Weinheim und München

Seidenstücker, Bernd 1996: Soziale Arbeit in der DDR. In: Kreft, Dieter/Mielenz, Ingrid 1996: Wörterbuch Soziale Arbeit. Weinheim und Basel, S. 514-521

Seidenstücker, Bernd: DDR – Gesundheitswesen, Sozialwesen, Jugendhilfe. In: Otto, Hans-Uwe/Thiersch, Hans (Hg.) 2001: Handbuch Sozialarbeit/Sozialpädagogik. Neuwied, S. 232-242

Siegel, Elisabeth 1981: Dafür und dagegen. Ein Leben für die Sozialpädagogik. Stuttgart

Siegmund-Schultze, Friedrich 1990: Friedenskirche, Kaffeeklappe und die ökumenische Vision. Texte 1910-1969. München

Sozialarbeiterinnengruppe Frankfurt 1978: Die weiblichsten Frauen der Nation: Sozialarbeiterinnen. In: Sozialmagazin, 3. Jg., H. 9, S. 22-32

Staub-Bernasconi, Silvia 1995: Systemtheorie, soziale Probleme und Soziale Arbeit: lokal, national, international oder: vom Ende der Bescheidenheit. Bern/Stuttgart/Wien

Stieve, Hedwig 1983 (1925): Tagebuch einer Fürsorgerin. Weinheim u.a.

Stutte, Hermann 1958: Grenzen der Sozialpädagogik. Ergebnisse einer Untersuchung praktisch unerziehbarer Fürsorgezöglinge. Hannover

Thiersch, Hans 1986: Die Erfahrung der Wirklichkeit. Perspektiven einer alltagsorientierten Sozialpädagogik. Weinheim und München

Thiersch, Hans 1978: Alltagshandeln und Sozialpädagogik. In: Neue praxis 3/1995, S. 215-234

Thiersch, Hans/Otto Hans-Uwe 1981: Handbuch Sozialarbeit/ Sozialarbeit. Neuwie u.a.

Thiersch, Hans 1992: Lebensweltorientierte Soziale Arbeit. Aufgaben der Praxis im sozialen Wandel. Weinheim und München

Thole, Werner (Hrsg.) 2002: Grundriss Soziale Arbeit. Ein einführendes Handbuch. Opladen

Thole, Werner/Gängler, Hans/Galuske, Michael 1998: KlassikerInnen der sozialen Arbeit. Sozialpädagogische Texte aus zwei Jahrhunderten. Neuwied

Vives, Juan Luis: Über die Unterstützung der Armen – De subventione pauperum (1526) für die Stadt Brügge, in: Strom, Theodor/Klein, Michael (Hrsg.) 2004: Die Entstehung einer sozialen Ordnung Europas. Heidelberg, S. 277-339

Watzlawik, Paul 1974: Menschliche Kommunikation. Formen, Störungen, Paradoxien. Bern

Weber, Max 2000 (3. Aufl., Erstaufl. 1904/05): Die protestantische Ethik und der „Geist" des Kapitalismus. Weinheim

Wieler, Joachim/Zeller, Susanne (Hrsg.) 1995: Emigrierte Sozialarbeit: Portraits vertriebener SozialarbeiterInnen, Freiburg i.Br.

Wendt, Wolf Rainer 1995 (4. Aufl.): Geschichte der Sozialen Arbeit. Stuttgart

Wensierski, Peter 2006: Schläge im Namen des Herrn. Die verdrängte Geschichte der Heimkinder in der Bundesrepublik. München

Wichern, Johann H. 1898 (3. Aufl.) (1849): Die innere Mission der deutschen evangelischen Kirchen. Eine Denkschrift an die deutsche Nation, Hamburg, auch abgedruckt in: Sämtliche Werke, Bd I, Berlin u.a. 1962, S. 174-359

Wichern, Johann H. 1979: Ausgewählte Schriften, Band 2: Pädagogische Schriften. Gütersloh

Willing, Matthias 2008: „Sozialistische Wohlfahrt" – Die staatliche Sozialfürsorge in der Sowjetischen Besatzungszone und der DDR (1945-1990) Tübingen

Winkler, Michael 1988: Eine Theorie der Sozialpädagogik. Stuttgart

Zeller, Susanne 1994: Geschichte der Sozialarbeit als Beruf: Bilder und Dokumente (1893-1939) - Fachhochschule Fulda - Pfaffenweiler

Zeller, Susanne 2006: Juan Luis Vives (1492-1540): (Wieder) Entdeckung eines Europäers, Humanisten und Sozialreformers jüdischer Herkunft im Schatten der spanischen Inquisition. Freiburg i.Br.

Zimmer, Hasko 1995: Die Hypothek der Nationalpädagogik. Herman Nohl, der Nationalsozialismus und die Pädagogik nach Auschwitz. Jahrbuch für Pädagogik, Frankfurt a.M. 1995, S. 87-114